稀见经典

比希莫特
——论长期国会

Behemoth
or
The Long Parliament

托马斯·霍布斯 —————————— 著

梁雨寒 —————————————— 译

江西人民出版社
Jiangxi People's Publishing House
全国百佳出版社

献给尊敬的

阿林顿爵士亨利·班纳特先生

* * *

阁下：

我将这四篇有关在陛下统治的1640年至1660年期间爆发的那场值得纪念的内战①的对话录呈予阁下。第一篇包括了内战的根源，即一些宗教与政治上的特定主张。第二篇讲述了矛盾是如何随着一系列的宣言、抗议书以及国王与议会之间产生的其他一些公开文书的发表而逐渐激化。最后两篇是对于战争过程的十分简略的概述，取自希斯先生的记录。在忠诚与正义方面，没有比回忆上一次的战争更具教寓意义的了。阁下可以随意处置此书。我希望不要将其出版。望阁下的对鄙人的厚爱能一如既往。

阁下最谦卑而忠心的仆人

托马斯·霍布斯

---

① 目前史学界公认的"英国内战"的起止时间是1642年8月22日查理一世在诺丁汉升起王旗至1651年克伦威尔彻底击垮拥护查理二世的苏格兰军队为止。霍布斯将1640年作为内战爆发年，显然是将长期议会在该年的召开与它从此做出的对王权的种种反叛行为视为内战的起点，并认为是长期议会首先挑起了内战而非查理一世。而将1660年作为内战结束年，是因为斯图亚特王朝在该年度复辟，霍布斯所认为的充满战争的"自然状态"也由此结束。——译者注

原版序

霍布斯的《比希莫特》，或通称《英格兰内战对话录》，一般被认为可能是斯图亚特王朝复辟之后的几年内写成的，一直到作者逝世的1679年都没有正式版本。然而三年之后，霍布斯的老出版商，威廉·克鲁克出版了一本名为"马姆斯伯里的托马斯·霍布斯先生文集"，其中的第一篇论文被命名为"比希莫特"，后面还附了另外三篇文章，其中前言部分有如下介绍："无论对大众来说还是为了纪念霍布斯先生，我的责任心驱使着我，让我竭尽全力保证这部文集以最原汁原味的风格出版。训真辩妄之心也让我备受煎熬，因为有关'英格兰内战史'的好几个虚假的版本一直以来误导了全世界，也滥用了霍布斯先生的名字，我能随便指出这些五花八门的拙劣抄本当中出现的上千处错误，还有至少一百处地方是整行缺失的。我承认，霍布斯先生出于某些考虑，曾经反对将此书出版，然而现在此书受到书商们空前的热捧，既然无法阻止，我想我也没有必要担心冒犯谁，只需要做我认为对的事，于是我现在面向世人，出版此书的原始手稿，此稿由他自己的抄写员抄写，大约在12年前由他亲自交到我手中……"同时，克鲁克先生还登出了一封霍布斯的亲笔信，写于这位哲学家去世前不久，就是关于这件事的，其中部分解释，也部分更正了他自己以前的声明。他在这封信前面加上了霍布斯对自己生平与为人的辩护，这份辩护在1680年又重新修订过，名为"致一位学者的信：论马姆斯伯里的托马斯·霍布斯先生的声誉、忠诚、礼貌与宗教"，前面还插入了如下文字："敬告读者：鄙人现在将一部霍布斯先生的作品呈献予您，即《英格兰内战对话录》（一些人可能偶然读过此书的抄本），本书取自一份未完成的手稿，且之前未公开出版，故而此举大概有违作者之意，我现在附上几份他的亲笔信，读者可自知。他在1679年6月的一封信中写道：'很久之前，我便有意将《英格兰内战对话录》出版，为此我曾将此书呈予陛下，待过了些时日，我觉得陛下大概已将本书阅读完毕，便恳求他允许将其付梓。但陛下（尽管兴致勃勃地听完了我的陈述）还是直截了当地拒绝了我。于是我把书取了回来，后寄往你处抄录一份，待你抄录完后，我把原稿赠予了一位受人尊敬的学者朋友，这位朋友现在已去世一年有余。陛下自有明鉴，且在书籍出版方面总归比我思虑周全，故而我不敢冒此不韪，免得冒犯陛下。所以我现在请你也不要考虑出版之事。我知道若是将此书出版，你大概能大赚一笔，但我宁愿我自己失去二十倍于此价值的收入，也不想考虑将本书出版或做任何推动本书出版的事'"，等等。这些内容同样在另一封稍晚（1679年8月19日）写成的信中亦可见，这封信是已到暮年的哲学家寄给朋友约翰·奥布里的（信的结尾部分被奥布里收录进他的"霍布斯生平小传"当中，后刊于"博德利图书馆通信集"，参见第2卷第614页），相关段落如下："我得知自己那本有关内战的书已经流传甚广，心中实在愧疚，尤其因为我未能得到陛下的出版许可，但绝非因为那些印本粗制滥造或被安上某个愚蠢的标题。纵然盗版多有错漏之处，我相信任何有独立思考能力的人足能洞悉那段历史所充斥的邪恶。"

虽说克鲁克的版本比起之前那些盗版确实要好不少，不过它仍然不是完全忠实于最原始的副本，而我自信我现在已经找到了这个副本并打算加以利用。我说的这个副本是一份经过精心抄写的手写稿，之前一直保存于牛津的圣约翰学院。当然，经过一番仔细的校对，我认为这份手写稿极有可能与目前已知的一个版本存在关联①，后者属于上面提到未经授权的版本，我发现手稿中的大量修改订正之处都是基于该未授权版本的内容，而且该版本正好能补充手稿中某些缺失的段落。手稿后面的部分有些地方被抄写者谨慎地涂抹掉了，我下了很大一番工夫对这些地方进行辨别，大体还算成功，但仍有极少数的地方无法复原。我还是选择毫不犹豫地将这些段落加入了原文之中，因为很显然，这些段落之所以被删除，并不是因为它们影响了著作整体的行文结构，而是因为其中表露出的观点太过激烈，而且太过直白——即使已经经过了抄写员之手；若是联想到霍布斯在上文提及的那些信件中表达过的想法，那么这种涂抹行为就不难理解了。这些修改或附

① 尽管那些出版商多番保证，安东尼·伍德先生（还有奥布里先生）还是指出了这个版本中存在的许多错误，而且给出了充足的论证理由。这个版本被重新收录于1750年版的《托马斯·霍布斯伦理学与政治学著作集》当中，后弗朗西斯·马瑟斯所编的1815年版的《英格兰内战时期文选》也选择了这个版本，但少数地方做了推敲修改。最后，莫尔斯沃斯版的《英文著作集》也循此版，我将其与手写稿进行了比较。

加之处，如有部分重要者，我会在页脚的注释中提请读者注意，其中再有重中之重者，我会另行标明。①

至于这本书自身，想必有见识的读者能从其中获益良多，用沃伯顿的话来说，各位都是"精明的读者"。我尤其推荐对历史研究有着浓厚兴趣的读者阅读本书，当然，对于哲学家与政治家来说，本书亦值得一读。因为"虽然他显得与周围的世界格格不入，但霍布斯在历史上的地位正愈来愈为人所重视。纵然物是人非，但言辞与著作中所透露出的思想能超越这种沧桑变化，能对哪怕是最遥远的未来产生影响"（见利奥波德·冯·兰克《英国史》）。为了证实这条观点，我们不妨再引用马瑟斯先生的原话——正是这位编辑很久之前为本书定下了"比希莫特"之名。

"提到霍布斯先生，"他说道，"他是一位聪慧过人的饱学之士，他遍览史书，又通晓古今各国政制。同时，我也认为他是一位诚实之人，一位真理的爱好者。他历经詹姆斯一世与查理一世两朝，也见证了查理死后的空位期与查理二世的复辟，复辟之后他又活了十八个春秋。他的人生中有十年的时光是在内战中的英格兰度过的，所以他得以近距离地观察这场内战，并与许多当时最杰出的人物交流，这些人后来都卷入了内战之中，或拥戴国王，或拥戴议会——我个人认为他是一位十分具有参考价值的作家，他亲眼见证了查理国王治下发生的许多重大事件与政策，而这些事件或政策通常被认为是不愉快的

----

① 我用星号括注了那些以前未见印刷的字段，这其中就包括了本书的题献。还有，我用 *[ ]* 标出了那些原本在手稿中抹去的句子。我还会在脚注中重点标出某些霍布斯亲自在手稿中做出的修改。

冲突的根源",等等。

这样看来很有必要就上文提到的这位老哲学家的抱怨提供一个解释,他抱怨说这本著作一直以来被安上了"愚蠢的标题"。"论长期议会"这一副标题在手写稿中原本是有的,但之前市面上的那些版本却没有登用这一副标题,结果读者只能对着本书的大标题(即"比希莫特")一头雾水。好在现在我们能会其本意了,所谓"比希莫特",即意在与知名的"利维坦"形成一种鲜明的对比关系,借以突显一个合法政府的形象。

F.T. 哈瑟姆(石勒苏益格-荷尔施泰因)

写于1889年3月

译者序

———⟨⟨⟩⟩———

　　霍布斯的《比希莫特》是一本叙述 17 世纪英国内战的对话录，大致涉及了自 1640 年国会召开至 1660 年斯图亚特王朝复辟之间英国的历史。该书完成于霍布斯晚年，全部内容皆以对话体的形式呈现，对话者为 A、B 两人，只从谈话内容推断，A 应当是一位历经内战的睿智长者，代表霍布斯本人说话，B 应当是一位年轻有才的后辈，成长于内战之后。年轻的后辈想听见识广博的长者讲述自己所不知道的故事，于是这对话也就顺理成章了。这本书在霍布斯所有著作里大概算是比较"接地气"的，因为提到霍布斯，大多数读者所知莫过于《利维坦》。《利维坦》洋洋洒洒数十万字的长篇，自人性细微之处出发，下论国家，再造主权，上正宗教，欲荡妖邪，整套理论自成一体，构思缜密，后人援以为政治学之经典，而除《利维坦》之外，其他政治哲学著作诸如《法律、自然和政治原理》与《论公民》等，亦尽是只论不述，理论性极强。与这些著作相比，《比希莫特》的特点就比较明显了，全书既述人事得失，也论是非短长。霍布斯以往的著作对事不对人，欲树立一系统之学说，自然有抽象性与理论性，然而《比希莫特》形式上是史书，必然要指名道姓，点拨曲直——当然，这背后用以评判的标准，还是《利维坦》中运用的那一套。若是读者读了《利维坦》之后仍不能尽懂得霍布斯所指何人何事，那《比希莫特》多半能解其惑。

想来霍布斯大概也不是想认认真真地修一部内战史，《比希莫特》不过十数万言，所载多为众所周知之大事。他真正想表达的是自己的政治立场，是"史实"之后的"史论"，若非如此，则用对话体来修一部史，如何想来也是不搭的。熟悉霍布斯的人都知道，霍布斯的政治立场是极端保王的，《利维坦》的专制政府理论极为露骨，闻者悚然，《比希莫特》承其精神，将革命者、阴谋家与愚昧大众骂了个遍——《比希莫特》有趣之处也尽在这里，霍布斯虽然拥护王党，却在书中鲜少谈及国王及其政府，倒是让这些作为反派的革命者做了全书的主角。英格兰的内战之所以爆发，直接原因就在于查理一世不得人心，霍布斯没说查理一世哪里做得不对，也没说他哪里做得对，查理一世代表的是国家的合法政府，保证合法政府的存在就是压倒一切的义务，任何破坏合法政府的行为都是最愚蠢的，霍布斯要把这些愚蠢全都暴露在读者面前，所以《比希莫特》可以视为一份英格兰内战的病例报告——这又是《比希莫特》的独特之处。

"利维坦"与"比希莫特"典出《圣经·旧约》（《约伯记》40—41），神责问约伯，提及这两只怪兽，以此提醒约伯：神的能力绝非凡人能够质疑。约伯记40章19节是这样形容"比希莫特"的："它在神所造的物中为首，创造它的给它刀剑。"随后的41章34节是形容"利维坦"的："凡高大的，它无不藐视；它在骄傲的水族上作王。"

另外在《以诺书》中也有对这两只怪兽的描述，"比希莫特"是陆上的万兽之王，"利维坦"则是海洋中的至高霸主。根据传说，到末日审判时，两只怪兽会互相厮杀，而神最后会介入二者的缠斗，并将二者杀死，以利维坦的皮庇尽天下正直之人，同时以怪兽之肉飨之。我们可知"利维坦"与"比希莫特"时常捉对出现，而且形象都是强大凶悍的怪兽，霍布斯将本书命名为"比希莫特"，无疑是欲与"利维坦"之典故形成对比，让"长期国会"与合法的主权者（这是《利维坦》的主题）之间形成对比。因为天上地下，能与"利维坦"相抗衡者，唯有"比希莫特"。从另一个层面来讲，《利维坦》讲述的是自然状态下的个人如何一步步建立起国家，而这个国家又如何能有效运行的故事，而《比希莫特》讲述的则是一个原本秩序正常的国家如何一步步走向崩溃的故事，因此这两本书有着无论如何脱不开的联系。霍布斯写《利维坦》时，英国内战尚未结束，查理一世方遭处死，克伦威尔野心端现，彼时著书立言，霍布斯是个斗士；晚年写《比希莫特》时，国家回归正溯，人事变换，终复太平盛世，此时编史修志，论的是是非对错。霍布斯大概想不到，他身过之后，仅仅过去不到十载光阴，英格兰的政体就永远变成了他最不乐见的"混合制"，庆幸霍布斯在这个问题上预言错了，否则我们后人面对他那看似无懈可击的专制理论不免脖颈发凉。霍布斯是个保王党，是个极端保守的人，他的保守多半出于对国家解体的恐惧，这样一种恐惧其实多多少少都潜伏在我们每一个人的心中，在世人都狂热幻想建立人间天国的时候，有人试图重新唤起这份恐惧——这并非总是坏事。于是，希望读者能宽容霍布斯在《比希莫特》中的保守。

目 录

对 话 1

Ａ：若时间也如地形一般有高有低，那我确信，时间的"制高点"应该在 1640 年到 1660 年之间。一个人要是能从魔鬼山 ① 上往下看，看看彼时的世界，观察人们的行为——尤其是英格兰的，他大概能遍览此世所有不公与愚蠢，苍天可鉴，乃是人类虚伪与自负才诞下此世之不公与愚蠢，故而虚伪自是双倍的罪恶，而自负亦是双倍的愚蠢。

Ｂ：我倒真想见识您所说之此番景象。您曾历经那个时代，而彼时汝之年龄又恰逢人类对于善恶的判断力最优良之时，我请您把我带上您所说的那座山上看看（尽管不能看得很清楚），在您所见的种种事件中，窥见那些人的动机、主张、正义、诉求、诡计以及作为。

Ａ：1640 年，英格兰的政府尚是君主制的；当朝君主，乃是查理，历代君王中首位以此为名者，其所持主权，乃垂自历代先王六百余年大统，而其上承苏格兰之王系，可溯之期则更为久远，至于爱尔兰王位，亦源自其祖先亨利二世；查理从未失德，不仅举止得体，为人良善，且虔心敬神，心系万民，别无他求。

Ｂ：他如何落得败亡境地？遥想当时，他在各郡都有精兵，合计

---

① 典出《新约全书·马太福音》第 4 章第 8 节，魔鬼试图引诱耶稣，将耶稣带至一座世间"制高"的山上，将"世上的万国与万国的荣华都指给他看"。——译者注

总有 6 万人，各个军火库中存放着不计其数的弹药，可用来卫戍地方。

Ⓐ：倘若这些精兵与所有其他臣民彼时都愿听从陛下的指挥，则何愁不能延续詹姆斯国王一朝的太平盛世。但民风已彻底败坏，不法之徒竟被视作国之栋梁。

Ⓑ：但除开这些心怀恶意之人，国中应当犹有忠良，足够组成一支生力军，防止人民为贼人所惑，群起而叛之。

Ⓐ：那是自然，我认为，国王若是手头有钱，便能在国内募到足够的士兵。只因常人鲜能深明双方之大义，只考虑哪一方能付得起钱，能带自己发财。但国王囊中羞涩，而其敌人，假意宣称欲使人民免于重税，只承诺些似是而非的事情，便拉拢了伦敦市的钱袋子，还有英格兰绝大多数的自治市镇，甚至某些大人物。

Ⓑ：可人民何以堕落至此？又是何人在引诱他们？

Ⓐ：引诱者分多种。其一是牧师，他们自称为基督的臣属。有时，他们在向民众传道时，还会自称是上帝的使者；他们宣称自己有天赋权利，分则治其教区属民，合可定经国大事。

其二，尽管远不如前者，但教皇势力在英格兰仍阴魂不散，盘桓于教俗两界，尽管议会法案早已命令废逐之，但仍有人相信吾辈犹应由教皇统治，认为教皇乃基督代理，理应以基督之名，辖治所有信徒。我们称这些人为天主教徒（Papists）；至于我们前面提到的牧师，一般称为长老派信徒。

其三，有相当一部分人，在混乱刚开始时虽未被人发觉，但后来他们公开宣布自己支持信仰自由，这些人观点各异。其中有些人，由于主张集会自由，各自独立，被称为独立派。还有人认为受洗婴儿年幼无知，故而出生洗礼实为无效，这些人就被称作再洗礼派。还有人主张基督的国彼时即将降临地上，这些人是第五王国派。除此之外，还有贵格派、亚当派等等，此类名字与信条千奇百怪，我已记不甚清。所有这些人之所以起而反对陛下，乃是缘于《圣经》已译成国语，于是万民皆能阅览，便总有人自视有高论。

其四，有许多智力更优之人，其受教优渥，年轻时博览古希腊与罗马共和国时代名人所著之作，于是通晓其时政制与事件。那些书中大赞民众政府为自由之治，而贬君主制为暴政。于是他们无比向往斯人之政府形式。这类人后来成为下院的多数派，想来就算他们不是多数派，他们也必有本事凭自己的口才影响他人。

其五，又有伦敦市与其他商贸重镇，眼见低地国家叛其西班牙君上乃得巨富，无不心向往之，总觉本国之政制须依样变革一番，方能有此荣华富贵事。

其六，更有无数人早已将家财挥霍无几，或认为现有资财难填一己之欲；更有甚者，分明体魄强健，却不愿诚实劳作。此类人唯恐天下不乱，心想自己若能在这乱世中侥幸依附于某党派，而该党往后又能坐大，则自己定能分得不少钱财，自是再好不过。

最后，一般民众对于其所肩负之义务多茫然无知，知晓治权之理者万中无一，更鲜有人理解为何国王与国家能于其人不情愿之下取其钱财，反倒认为私有财产绝不许有旁人染指，若无自己同意，任谁也不准以公共安全作借口将征敛加诸己身。所谓国王在其看来不过是一最高级的荣誉头衔，其下有绅士、骑士、男爵、伯爵、公爵诸衔，循阶而上而已，至于高低之分，不过财富有别。如今他们未享平等之制，却犹记得平等之先例与习俗，于是愈能卖力反对授予补助金或其他公共补贴者，便愈被认为有智慧有能力担当议员之责。

B：倘若人民中多是如此看法，我觉得国王早已形同被逐出政府，难怪他们也不愿为政府而战。我实在不知国王如何能抵抗这些人①。

A：此中确有莫大之难处。你且听我往下说，想必能更有体会。

B：但首先我十分想搞清楚两件事，一是关于天主教徒和长老派提出的那些主张，其所由之根据是什么？他们总声称有权利统治我们，他们也确实是这样做的；二是在这之后，又是从什么地方，什么时候开始，这种主张被偷换了概念，成为长期议会要求民主制的借口？

A：先说天主教徒，他们的主张根据《申命记》17 章 12 节，还有其他类似的古拉丁语文本，可以翻译成如下文字："若有人擅敢不听从那侍立在耶和华你——神面前的祭司，或不听从审判官，那人就必治死。"正如犹太人之前是神的选民，现在所有的基督徒也都是神的子民，他们由此断定，教皇既作为全体基督徒之最高祭司，其号令理应为所有基督徒遵守，违者必死。又在新约中（《马太福音》28 章 18-20 节）基督曾说："天上地下所有的权柄都赐给我了。所以，你们要去使万民作我的门徒，奉父、子、圣灵的名，给他们施洗。凡我所吩咐你的，都教训他们遵循"——他们于是断定，使徒的话是必须听的②，于是国家也必须由使徒来统治，尤其是众使徒中的领袖——圣彼得，当然还有圣彼得的继承人——罗马教皇。

---

① 指上述七类人。——译者注
② 《圣经》原文中，这段话是耶稣对门徒讲的，故霍布斯说天主教徒有此意。——译者注

B：单就《旧约》的文本来看，神确实是命令犹太人服从他们的祭司，但我不明白此事何以能解释为其他民族的基督徒也必须如此[①]，甚至其他非基督徒的民族也必须如此（因为全世界的人都是神的子民）；除非我们也同意，一位国王倘若不臣服于使徒、祭司或牧师的法律，竟无法将一位异教徒转化为基督徒。犹太人曾是神的特殊选民，他们是僧侣王国，只受自摩西开始至其后所有最高祭司的律法的管束，这些祭司们在西奈山上，在约柜旁，在圣所里，都能立即听见神讲的话。至于《马太福音》，我是知道的，福音书中的原意不是"去教训"，而是"去使人皈依"。而做一个臣民和做一个门徒明显是不同的，劝告人和命令人也是两回事。如果这段文本都可以被如此附会，那基督教的国王们何不干脆抛弃自己的主权者的尊贵头衔，自称为教皇的助理呢？可是天主教会的学者们似乎又拒绝承认在精神权力与世俗权力之间存在一个绝对权威的头衔。我目前还不甚理解这二者的区别。

A：所谓精神权力，是说有权决定信仰之要义，有权成为良知与道德责任的法官，还有权惩治那些不守其戒律之人，但却只能是以教会内部谴责的方式，也即逐出教会。他们声称教皇的这份权力直接承自基督，而不依赖于任何被逐出教会的国王或主权集合体。而所谓世俗权力，则体现在对违反公民法之行为所进行的审判与惩罚中。他们说自己虽然并不直接控制世俗权力，却也间接地拥有它，换言之，上述世俗权力的行为有可能阻碍或促进宗教与善行的发展，他们说的"一切为了灵性"（in ordine ad spiritualia）就是这个意思。

---

① 指服从祭司。——译者注

B：这就是说教皇有权拥有"一切"权力？那国王与公民主权者们还能留下什么权力吗？

A：什么也没留给他们，或者说，少得可怜。不仅是教皇声称对所有基督国家拥有这种权力，而且大多数的主教也声称，根据神的旨意，他们在自己的教区内也拥有这种权力，而且这种权力直接承自基督，不需教皇首肯。①

B：若是一个人拒绝服从教皇和他的主教们所宣称的权威，又当如何？若此人本是另一主权者之臣民，那绝罚之刑如何能伤他？

A：当然是能的。教皇及其主教，对民事亦有重大影响，自然能对其严加惩治。

B：这就很矛盾了，此人原本是为民事权力而谏言伸张，却因此被民事权力而惩治，就像是乌撒，他情急之下，自作主张，用手扶了约柜，以防它掉下，却被杀死。② 但倘若一个国家顷刻间全都背离教皇，绝罚之刑又如何能降于一国？

A：嘿呀，那他们大概就说不出话了，至少所有天主教牧师是如此。教皇除了把国民全都开除教籍，什么也做不了，但这就好比国王

---

① 这句话在手稿版本中曾由霍布斯亲手删去，但在"edd"版本中得以保留，且"大多数主教"改为"他手下某些主教"。根据滕尼斯在序言中所说，"edd"版本应该就是指"未授权版本"中的一种，滕尼斯发现的手稿可能正是在该版本的基础上修改而来，可信度较高。虽然历史上该著的未授权版本众多，但滕尼斯在本书中只将序言中提到的那个"未授权版本"与手稿进行比较，故从此开始，后文脚注中所有"edd"统一译为"未授权版本"。——译者注

② 据《圣经》载，乌撒与亚希约负责运送神的约柜，途中因牛失前蹄，乌撒就伸手扶住神的约柜，触犯了禁忌，神因此将其击杀。——译者注

竟将他的国家开除出自己的统治，然后让他们自理自治，或者让他们自己另选统治者。

B：对国王来说，这可算不上在对人民进行惩罚；所以说，当教皇宣布对一整个国家施以绝罚的时候，我更认为他是在惩罚他自己。但还请您告诉我，换在其他王公治下的国家里，教皇所宣称的权利究竟是什么？

A：其一，教皇能赦免所有牧师、修士以及僧侣的罪行，使后者免受民事法官的审判。其二，他可以随意向本地人或外地人征收圣俸，还有什一税，首岁捐以及其他款项。其三，凡教廷宣称与之有涉的案件，均可上诉至罗马。其四，教皇乃涉及婚姻法的最高法官，亦即有权裁决国王继承人，有权审理任何通奸及乱伦案件。

B：真是不错，此类事情只有女人才会犯。

A：其五，当教皇认为需剪除异端，则其有权力解除人民对于其合法主权者的义务与效忠誓言。

B：这教人免除服从之权，还有那决断习惯与信条之权，无疑完全就是主权了。于是同一个民族（nation）之中想必有两个王国（kingdom）存在，无人可知自己如何得侍奉二主。

A：要我看来，我宁愿服从制定律法、执掌杀罚的那一位，而不愿服从只有制定教规（其实也就是些规则条例）之权，并无配套执行之权的那一位，后者只能以逐出教会施罚他人。

B：可教皇也声称其教规便是法律，若是违反教规，惩罚却远不止逐出教会。因教皇曾有训，身负绝罚而亡，则其必受诅咒——敢问此事当真？君虽不乐见，然若此事当真，则常人不难由此推定，取教

皇而从之明显更善，教皇可将人之身心俱投入地狱，而人君不过戮人
肉体而已。

Ⓐ：此话说得没错。只是难叫我相信所有的英格兰人俱应身受诅
咒，却只有那少数的天主教徒例外，你当明白这些天主教徒自英格兰
宗教改革以来便被称作异教徒了，世代如此。

Ⓑ：但时至今日，那些被英格兰教会施以绝罚，放逐而终者，其
身心岂能不负诅咒？

Ⓐ：毋庸置疑，生前不知悔改者，则身后必受诅咒，若有人因不
服国王律法而受绝罚，则无论从何角度观之，皆可称其有罪，故而若
有人身负绝罚而亡，临终未有丝毫悔意，亦可称其负罪而死。负罪而
死必然受诅咒——你已言明。只是有些人本就无权审判吾辈，若有人
只是未服从斯人之训诫与信条，便是另一回事，其身后自然并无大恶。

Ⓑ：但那些为罗马教廷残酷迫害的异端又作何解？若教廷吩咐国
王驱逐其领内所有异端，而国王竟未能照办，则国王甚至自身难保。

Ⓐ：若我们不带偏见地解释"异端"这个词，它指的是一种私人
意见。所以那些古代哲学家，如学院派、逍遥学派、伊壁鸠鲁学派、
斯多葛学派等，都曾被称作异端。只是到了基督教会里，这个词又多
了一层含义，指的是反对基督之罪，于是这便成了人之灵魂的得救的
首要判断标准。到最后，异端之于精神权威，恰如叛乱之于世俗权威
一般了，于是为了保持精神上的权威，又为了统治众人的意识，就必
须要迫害这些所谓的异端了。

Ⓑ：如此说来，若能以律法明确何为异端，一个人发布何种特定
观点可被定罪——这便是很好了（因为我们所有人都可阅读《圣经》，

且于公于私，都须将经文作为我们行动的准则）。否则，莫说是理解力贫乏之人，纵是最睿智、最虔敬的基督徒，也可能于无意之中与教会相左，从而陷为异端；只因《圣经》素来难懂，不同人对经文自然有不同的理解。

Ⓐ：异端一词之含义早在伊丽莎白女王初年借由《议会法案》明文有了规定，并作为法律颁行之。其中有令，凡依女王制诰而享有教界权威者，即所称之高级专员公署，绝不可擅权而裁决任何涉关异端之争端与案件，唯以下三种情况例外，一是此人之前已被判有违公版《圣经》之权威，二是此人有违史上四次主要宗教大会的权威，或其中任一大会之权威,而此四次会议所判定之异端亦是以清晰确定之《圣经》经文为依据，三是在获得神职人员大会首肯的情况下，由本国议会高等法院进行裁定。

Ｂ：这应该就是说，但凡出现任何新的谬误，只要尚未被议会认为异端，便不能以异端之罪审判之（想必这样的谬误不在少数）。无论这种谬误有多么邪恶，皆不得仅凭《圣经》或四大会议便宣布为异端，因为谬误既是方兴，以前没有听过，自然也无从判断。这样说来，其实也就没有所谓的谬误，除非此人言行直接导致了对上帝的亵渎或对国王的背叛，如此才算罪有应得。况且，若是人人都可读《圣经》，人人又都能自行解释，又如何能分辨出《圣经》本意究竟为何？不仅如此，若是随便哪个会议都有资格判断异端，那么全体新教的教徒与牧师岂不都是罪大恶极？因为我们的信条早已被各种委员会宣布为异端，而那些委员会也宣称自己是依据了《圣经》的权威。

Ⓐ：你可知那些曾被四次主要会议宣布为异端者，都是哪些？

Ⓑ：第一次主要会议，是在尼西亚召开的，宣布与《尼西亚信经》相左者皆为异端，其实也就是特指阿里乌斯异端，因为此派否认基督的神性。第二次主要会议，在君士坦丁堡召开，宣布马其顿派的信条为异端，因为该派认为圣灵是被创造出来的。第三次主要会议，在以弗所召开，定聂斯脱利派信条为异端，因为该派认为基督有两个人格。第四次主要会议，在卡尔西登召开，谴责了欧迪奇的谬误邪说，他持基督一性论。我只知道此四次会议只宣布过这些异端，还有的便只是有关教会体制的，或是有关这些异端信条的各种变体的。这四次会议全都是由皇帝召集，而会议的请愿也都是借由皇帝的法令才最终生效的。

Ⓐ：我是这么理解的：无论是宗教会议的召集，还是信条与教会体制的订立，唯有经过皇帝的权威批准，才具有强制力。然而反观今日，他们①竟视此两项为手中合法之权力，又竟以一己之标准妄称四海之律，事何以至此？所谓"天上地下所有权柄都赐给我"之说，倒是真的应验了，宗教会议不但能统摄所有基督徒，还有权统治世上所有国家。

Ⓑ：他们说不是这样的。当一位异教徒国王皈依了基督教，他对那曾感化他的主教便会谦恭顺服，于是甘愿服从于主教的管辖，愿意做他的绵羊——这才是他们自称权力的来源。于是这权利在非基督教国家便不存在。

Ⓐ：西尔维斯特（他是君士坦丁大帝时期罗马的教皇，正是他让

---

① 指天主教徒。——译者注

大帝皈依）事先是否告诉过皇帝——也就是他的新门徒，若是皇帝成了基督徒，他就必须臣服于教皇呢？

B：我想是没有的。因为这是完全能想象的，若是他这么直接地告诉了皇帝，哪怕只是让皇帝间接察觉到这层意思，皇帝便断然不会愿意成为一个基督徒，至多只愿做个口是心非的基督徒。

A：但若是他未曾对皇帝如实相告，那么很显然，无论是对牧师还是任何基督徒来说，这都是很下作的把戏。他们所谓的从由皇帝同意而获取的权利不过如此，他们不敢挑战合法的权威，也不敢在任何基督教王国里宣扬其一己私见，除非是国王允许他们这么做。但是后来有僧侣告诉秘鲁的国王阿塔瓦尔帕：基督才是全世界的皇帝，而他又给了教皇权力以处置世间所有王国，教皇于是决定将秘鲁给予罗马皇帝查理五世，并要求阿塔瓦尔帕放弃这个王国。阿塔瓦尔帕拒绝了这个要求，竟当场被西班牙军队捉去并杀死。你看，只要于己有利，他们尽可以吹嘘自己权势滔天。

B：教皇究竟是何时开始将自己的权威凌驾于国王之上的？

A：在北方人大量涌入帝国西部，并定居于意大利之后，罗马城的人民于是委身于自己的主教，就连世俗事务也是如此。于是教皇竟破天荒地成为世俗王公，又由于罗马距君士坦丁堡遥远，教皇亦终于不用如往日一般惧怕皇帝。正是这一时期，教皇开始凭着自己的精神权威，步步蚕食西方所有其他王公们的世俗权利，并不断得手，终于在此后三百年间让自己的权势达到巅峰，也即是在八世纪至十一世纪，自教皇利奥三世起至英诺森三世为止的这段时间。正是在这一时期，扎卡里一世教皇罢黜了法国国王希尔佩里克，把王国给了希尔佩里克的臣子丕平。丕平于是夺了伦巴第人的大片领土献给教会。不久之后，伦巴第人又收复了自己的土地，查理曼大帝则再次将其夺了过来，再次献给了教会。利奥三世教皇于是将查理曼加冕为皇帝。

B：但是教皇哪来的权利创造皇帝头衔？

A：他自称是基督的代理人，于是基督能给予的，他也能给予；而且你要知道，基督可是全世界的国王。

B：没错，上帝确实是世界之主。于是教皇便可以不顾人民的同意，随意给予这世间任何王国以恐惧或希望。

A：但是这帝位却是以一种更特殊的方式授予的，仿佛是摩西命他统治以色列人，或是约书亚把政府交到他手里，让他在大祭司的引导下，指挥他的人民。这就恰如在教皇的引导下，皇帝方才得以享有他的帝国。当教皇为皇帝披上黄袍，众人齐声高喊"神的旨意（Deus dat）"，也就是说，是神将帝国赐予了皇帝，而皇帝对此心满意足，便接受了它。从那时起，绝大多数甚至是所有的基督徒国王都会在自己的头衔前面添上"承蒙天恩"四个字，也就是说，是由神将国家赐予了国王。于是他们的继承者们也就习惯于从主教的手中接过王冠与权杖。

B：这可真是个好习惯，可以让国王们时刻记住究竟是谁赐予他们统治权。但是我们不能由此推得国王一定要通过教皇或者其他任何神职人员为中介才能获准统治国家，因为教皇自己的职位就是得自皇帝的。皇帝皈依基督教之后，第一任被选出来的罗马主教尚未经过皇帝的批准，于是他致信请求皇帝原谅：罗马的人民与神职人员强迫其登上主教之位，祈求皇帝能予以确认。皇帝于是同意了，但却严厉批评了他们的行为，并禁止以后再犯。当时的皇帝是洛萨李乌斯，教皇则是卡利克斯特斯一世。

Ⓐ：你看，皇帝从来没有承认过神的赐予即等同于教皇的赐予，反倒认为教宗之位乃是皇帝的赐予。倒是后来，由于诸皇帝们（正是伟大的君王造就了他们，使他们无法轻易混淆视听，更抑制了神职人员的野心）的疏忽，教皇们才得以欺骗人民，让人民相信教皇与神职人员本就有权力让人民臣服，甚至比之国王的命令更为权威。这种观点必将时刻引起争议，于是他们为达目的，炮制出许多闻所未闻的信条，以此削弱国王的权威，让国王和臣民彼此分裂，并让后者紧紧依附于罗马教会。那些信条要么完全和《圣经》无关，要么便是对《圣经》牵强附会，而其中首要的一条便是："教士结婚不合法。"

Ⓑ：可这对国王的权力又能有何影响呢？

Ⓐ：你难道看不出来，国王唯有身兼祭司之职方能堪其重任吗？国王所受拥戴源于两大根基，一是那些最虔诚敬神的臣民，一是那些真诚期望国王有合法子嗣的臣民。也就是说，如果他不能成为教会首领，那么在任何他与教皇之间的争端中，他绝无法指望人民会站在自己的一边。[①]

Ⓑ：可如今的基督教国王不恰似一位主教（bishop）吗？就像古代的异教国王，彼时所有的国王也都被冠以主教（episcopus）之名。

[①] 霍布斯此处意思是说国王必须是教士，国王又必须有合法的继承人，而天主教规定"教士不能结婚"，因此教士无法有合法继承人，因此"国王"与"教士"的职司被天主教人为割裂了，如果国王有嗣，则无法赢得虔诚臣民的尊敬，如果国王无嗣，则无法赢得盼望王位合法传承的臣民的尊敬。——译者注

今之主教不正是受神所托，不分教俗，管理着其所辖人民之灵魂吗？尽管在我们的救世主、我们至高的牧师面前，国王也只是一只羔羊，但若是在自己的臣民面前，他便是唯一的牧羊人，而所有臣民，不分教俗，全是他的羔羊。既然所谓的基督教主教，即是指一位有权力管理神职人员的基督徒，那么所有的基督教国王也就不单单是普通的主教，而是大主教，他全权统治着自己的教区。纵然，受按手礼是成为牧师的必要之举，这是不言而喻的。然而鉴于国王统治着所有的神职人员，在臣民接受洗礼之前，他们就已经是国王的臣民了。洗礼是成为一个基督徒的标志，恰是一种形式的按手礼，接受按手礼之后，一个人才成为主教，而接受洗礼之后，一个人才成为基督教主教。①

Ⓐ：我很同意你的看法。禁止教士结婚的戒令是格里高利七世教皇时期颁布的，那时英格兰恰逢威廉一世国王统治。此令既出，英格兰无数世俗学者与在职牧师便统统为教皇服务了。

第二项信条便是"向牧师进行私下忏悔后必将得救"。在这项信条出现之前，人们也经常向牧师忏悔，只是更多的是以书写文字的形式。但此种忏悔方式在爱德华三世国王时期便废置不用了，因为牧师们要求忏悔内容必须由忏悔者的口中亲自说出。后来人们普遍相信，

---

① 霍布斯此处意在证明一个国王首先是一个主教，然后才是一个基督教主教。需要注意霍布斯此处将按手礼与洗礼做了区分，让人认为二者为总属关系，且按手礼为异教与基督教通用礼仪，但实际上按手礼是犹太教与基督教的传统礼仪。霍布斯将洗礼解释为另一种形式的按手礼，大概是因为在基督教会中，洗礼过程中有按手礼的环节。但其他宗教仪式中，也有行按手礼者。总体说来，按手礼意味着某种形式的确认，并与圣灵产生交流。关于霍布斯对洗礼与按手礼的具体看法，可参见《利维坦》第四十二章。——译者注

若在离开此世之前未曾进行祷告，未曾接受救赎，则未来必不能得救；若能得牧师赦免其罪，则不用受诅咒之苦。你看，人们如此敬畏教皇与神职人员，甚于敬畏国王，而一个国家的臣民竟然要向外国的探子坦白自己的秘密——如此不可不谓后患无穷。

B：确实，永生永世的折磨确实要比一次死亡更为痛苦，无怪乎他们会怕教士胜过怕国王。

A：虽然罗马的神职人员似乎声称除非当事人诚心悔改，否则教士并无权力完全赦免其罪过，但人民似乎从不在乎这一点。他们相信，不论何时，只要他们向牧师告解，只要他们的忏悔一结束，他们先前所犯之罪便可统统免除。也是在同一时期，圣餐变体论出现了。这个问题以前便有争论，常人很难确切理解与想象，救世主耶稣基督之肉体如何能为教众所食，而现在这个问题弄清楚了，即，面包变成了基督的肉体，于是，面包也不再是面包，而是肉。

B：听起来基督好像有无数的肉体，而且只要领圣餐者需要，他还能同时出现在许多地方。我认为此种观点简直荒谬，教士们不但愚弄了无知的平民百姓，还欺骗了国王及其大臣。

A：我只陈述，不想过多讨论。我同你说这些，只是为了让你知道，这些信条在当时如何影响了国王与其臣民，又如何哄人相信神职人员不但可以将一片面包变成救世主的肉体，甚至能在他人临终之际拯救其灵魂。

B：换作是我，我也会深信不疑，奉若神谕，对其敬畏不已，仿佛上帝显灵。

A：前述所举各项，皆旨在提升教皇权威，只是一部分而已。然而教廷事无巨细，仍生出许多琐碎规定，目的却与前述无异，我这里只提那些相伴而生者。后来教廷规定那些到处游荡的托钵僧有权在任何集会上布道——只要他们认为合适，如此，既能保证民众对于罗马教廷的忠顺，又能让教廷在对抗世俗权力时占得上风。另外，他们还偷偷地给那些判断力贫弱的善男信女洗脑，让他们对教皇从此死心塌地，当这些人生病时，更哄得他们将钱财捐给教会。平时则劝说他们为建造宗教场所出力，或者做其他能凸显其信仰虔诚的工作——如此方能免除其罪。

B：以吾平生之所学，未尝听闻世上曾有任何其他国家将如此自由赋予个人，民智尚未开化，却准其召集民众，肆行煽动——恐怕只有基督教国家如此吧。换作异教国王，恐怕不难料到寥寥数个演说者便能掀起骇世之动乱。摩西确实曾有令：在安息日的集会上阅读《圣经》并向众人讲解。但彼时《圣经》乃是国家之律法，乃是摩西亲手颁予众人。故而我认为，若是英格兰之法律也能定期在集会上诵读讲解，则于本国并无坏处，人民既已知心灵何所归，亦当晓行止何所依。

A：我却认为无论修道士、僧侣还是本堂神甫，是断然不愿教人崇信某法的，他们更愿教人崇信某人。因为强权本无根基，其所凭依无非人民之观念与信仰。故教皇辛勤布道，其中目的无他，唯提升壮大自身权威，凌驾于诸基督国度之上而已。

也是在这时，即查理曼大帝后至英王爱德华三世前，他们又炮制了第二项政策，即让宗教变成学问（art），让所有罗马教廷所颁布有争议之命令，不但假托于《圣经》之经文，还能附会于亚里士多德之道德与自然哲学。于是教皇为此计，乃致信皇帝，劝其建立包罗众学问之学校——此乃大学之创制。不久之后，巴黎与牛津两地亦建立起大学。不可否认，在此之前，英格兰各地也曾有过学校，但只为儿童学习拉丁语而设——而拉丁语则是教会的语言。但大学教育确确实实是兴起于此时，只不过教授哲学、逻辑或其他学问之所向来不止此一家，须知许多修道院内的僧侣闲来无事也会钻研学问。然而这些大学既已建立，那些权门贵胄、王公主教们不久便争相赞助。其中所设学科则由教皇规定。又因大学取士开放，却又不失为在政教两界攀爬晋升之捷径，故而大量学者经贵人推荐得以入校研读。罗马教会所图有二：一是可借大学传承教皇炮制之信条，二是借学院神学助长教会权威，以凌驾于国王及其臣民之上。那些人挖空心思让信条变得晦涩难懂，不惜让亚里士多德哲学为其作嫁衣，以致根本没人能读懂他们写的那些神学著作，甚至连他们自己也不知道自己在说什么——你大可去读读彼得·隆巴德的作品，还有斯科特斯对他的评论，或者是苏亚雷斯的作品，再或者是其他更晚些时候的学院神学著作。有两类人尽管还算聪明，却也大为推崇这种所谓的学问。其中一类人对罗马教会绝对忠诚，慕之深切，他们对之前的教义坚信不疑，并十分认可教会提出的论据——他们压根不明白这些论据，却愿意遵守由论据得出的结论。另一类人则随波逐流，宁愿信奉他人所言，而不愿自己思考、躬亲检验。于是这两类人都完全认可：上述两项教义是正确的，教皇的权威一定是源于教皇本身。

B：罗马教会享有如此权威，基督徒国王或国家届时必然无税可征，无兵可募。领内臣民皆为畏战怯斗之徒，汲汲于妇人之仁，不堪大用。

Ⓐ：然而每当教皇与国王有衅，教会爪牙总能煽起滔天之乱，英格兰的约翰王，法兰西的亨利四世皆深受其累。好在彼时国王一党总能更胜教皇一筹，若国王财源不断，则不难长享此太平。鲜有人能于困窘之中拒绝金钱。但教皇宣称可赋予某位国王攻伐另一位国王之正当权力时，诸国王难抵此宗教谎言诱惑，终铸大错。

Ⓑ：我不解当初亨利八世国王如何能将英格兰境内之教皇权威连根拔除，却能让领内无人作乱，境外无人犯边。

Ⓐ：首先，彼时教士、僧侣与修士虽权势滔天，然而其中已多张狂无礼、傲慢放荡之徒，善辩之才早已不为人知，唯余其平日种种丑闻而已，贵族绅士对此早已见怪不怪，教养良好者亦洞若观火——而议会向来由此二者组成，故而早已有心剥夺教士权力。而人民向来爱戴议会，必欣然从之。其次，路德教义方兴未艾，眼光高远、智力出众者无不择善从之，仅凭叛乱便妄想恢复教皇权力更是痴人说梦。复次，大修道院与其他宗教场所的财产落入国王手中，又经国王流入各郡杰出士绅之手，于是后者必然竭尽全力保护一己所得。再次，亨利国王本人雷厉风行，生性严苛，对待阴谋绝不心慈手软。最后，说到入侵，虽然教皇已将英格兰许给其他王公，但无异于空头支票，英格兰乃是与纳瓦拉截然不同的王国。另外，法兰西与西班牙的军队当时正在交战，而当双方暂时休战之后，西班牙人又在 1588 年遭遇到了前所未有的惨败。然而，尽管神职人员傲慢、贪婪、虚伪，尽管有路德教义影响，倘若教皇没有阻碍国王与其第二任妻子的婚姻，国王或许不至于被激怒，教皇在英格兰的权威完全有可能延续下来，直到新

的纷争出现。

B：诸位主教不是早已发誓要维持圣彼得之威权（the Regal Rights of St. Peter，这个词的原意是"Regalia Sancti Petri"，有时也称"regulas Sancti Petri"，意指圣彼得的"统治"或"信条"。后来的神职人员读到这个词组，可能在匆忙之中作了记录，最后竟将其误解作教皇的权威。）不坠吗？我的意思是，主教们竟没有对反教皇法案表示反对？他们竟没有反对新教宣誓（the oath of supremacy）？

Ⓐ：没有，我找不到有关主教们大举反对国王的记载。国王大权在握，激怒他绝非明智之举。而且当时教皇与主教之间也存在分歧，大多数主教坚持认为自己行使主教管辖权乃是上帝赋予的权利，恰如教皇有权管辖整个教会一般。而通过这项御前议会的法案，他们只看到自己不必再从教皇处取得权力，却从未想过教皇走了之后还有国王，所以他们反而会欣然让法案通过。国王爱德华六世统治时期，路德教义已深深植根于英格兰，他们进一步否定了许多新的天主教信条。玛丽女王继位后，把亨利八世一朝废除的东西全都恢复了——除了宗教场所（因为宗教场所不能恢复）。爱德华国王一朝的主教和神职人员，有的被作为异端烧死，有的则逃亡海外，有的则宣布放弃信仰。出逃者都去了保护或至少不迫害新教的国家。玛丽女王死后，伊丽莎白女王恢复了其弟爱德华国王时期的宗教，这些人于是归国，受到了热烈欢迎并不断晋升。这就形成了我国持续至今的宗教，除了晚近由长老派与民主主义分子掀起的叛乱外，期间未有中断。然而尽管法律早已不承认天主教，却仍有大量的人保留了其祖先的信仰，其中不乏出身高贵之人。由于他们的良心自由并不受干扰，故而其给世俗政府所造

成之困扰并非出于己意，乃是由于耶稣会与其他罗马教会间谍暗中作祟，他们才如此不愿安分守己。其中有些人竟以身犯险，从事闻所未闻的骇人之事——我说的就是火药阴谋。此案之后，英格兰天主教徒便被视为不知悔改、冥顽不化之徒，不惜一切手段都要恢复教皇权威。故而我认为这些天主教徒在先王查理一朝时已成为英格兰之顽疾。

B：莫尔奈·杜·普莱西先生与达拉谟主教莫顿博士曾著书记录教皇权力的发展，他们给自己其中一本著作起名为"邪恶之谜"，另一本则起名为"惊世骗局"，我看他们形容得很恰当。我认为世上大概从未有如此昭然之谎言，然而我很奇怪为何所有的基督徒国王和国家竟从未察觉之。

Ⓐ：很显然他们是察觉到了的。要不然他们怎敢兴师反抗教皇？他们这么做了，其中一些君王甚至还将教皇带离罗马，囚禁起来。然而当初他们既然敢于推翻自己头上的暴君，他们就应该达成共识，每一位君主都自称为各自国家教会的首领——就像亨利八世一样。然而他们却从未这样想过，而是让教皇的权力继续延续下去，所有的君主都希望利用教皇，好为攻打自己的邻国提供正当的借口。

B：如此，那么那些如瘟疫一般的长老派又是如何取得今日的权势的？他们中的大多数人不过是些穷学究而已啊？

Ⓐ：当时天主教与归正会之间的纷争已势同水火，为了扩大自己的权势，他们只能让每一个人都来阅读《圣经》，来辨别到底哪一边是有理的。为此《圣经》被翻译成了通俗的语言，换作以前，这样的翻译是断然不允许的，若没有专门的资格证，甚至是阅读也不行。教皇眼中的《圣经》就如同摩西眼中的西奈山。摩西不准任何人上山听

上帝说话，或者是凝视上帝，只有摩西自己能与上帝接触；教皇禁止任何人通过《圣经》与上帝交流，因为那样的话就不会得到教皇的祝佑，因而也就不值得被信任。

B：然而摩西的做法是很明智的，因为这是上帝的命令。

Ⓐ：那是自然，后来的事态也证明了摩西的明智。自从《圣经》被翻译成英语，所有人，所有识字的男人和女人，都觉得自己能和全能的主对话，都觉得自己能听懂他的话——只要每天抽出时间读几章《圣经》便蛮可以了，或者一遍不够的话就读两遍。于是无论是归正会也好，主教和牧师们也好，都不再受到尊敬或顺从，每一个人都成为宗教法官，都能自行阐释《圣经》。

B：可这难道不是英格兰教会的初衷吗？他们把《圣经》送到我面前，不就是为了让它成为我行动的准则吗？难道还能有其他什么目的吗？如若不然，他们大可让它保持神秘，我读不懂希伯来语、希腊语和拉丁语，而他们可以，于是他们便可独享对于得拯救必不可少的方法，于是教会也能和谐安宁。

Ⓐ：我认为颁发资格证给阐释《圣经》者才正是导致宗派纷争的原因，只是此前问题一直没有暴露，而到了前任国王统治时期，国家终于因此陷入动乱。那些在玛丽女王时代因宗教问题逃亡的人员，大多都定居在了公开信仰归正教且教会由统一教士大会管理的国家，（由于缺乏更优秀的政治家）那里的教士亦常常在民事治理中发挥重要作用。来自英格兰与苏格兰的新教徒与这些教士朝夕相处，内心愈发受到鼓舞，于是归国后幻想本国牧师也能享受如此殊荣与尊敬。在苏格兰（当时詹姆斯国王尚年轻），他们（在一些显贵的帮助下）很快就

达到了目的。而那些早在伊丽莎白女王初年便回到英格兰的新教徒纵然有心如此，却始终无法得逞，直到最近的这场叛乱为他们成就良机，然而即使如此，却也要靠着苏格兰人从中助力。然而没过多久，长老派的布道和其他各种对《圣经》的私人见解逐渐蔓延，终于压倒了这些归正会的追随者。

B：这我确实知道，在那场战争开始时，长老派的权势如日中天，不仅几乎所有的伦敦市民都拥戴他们，而且绝大多数其他英格兰市镇都站在他们这一边。然而您还没有告诉我，他们究竟如何能一步步壮大至此。

A：此事并非由其独立完成，有许多士绅从中鼎力协助，后者渴望于世俗政府中建立多人政制，与这些牧师渴望教会之变革相比，可谓异曲同工。这些牧师时时在讲道坛上向人们灌输自己的观点，诱使人们讨厌教会体制，讨厌正典，讨厌公祷书，而另一拨人则在议会中夸夸其谈，在郡中对人民不断宣讲，大赞自由，痛斥暴君，人民于是鬼迷心窍，为民主所诱惑，竟真以为现政府便是那些人口中的暴君。长老派既然将大学里的神学引进了自己的教会，许多士绅便将自己在大学中学到的政治学带进了议会。但终伊丽莎白女王一朝，二者终究不敢过于放肆。尽管并非所有人都心怀不轨，但他们确实错信谬误，盲目追随那些野心勃勃的牧师与士绅。牧师嫉妒主教权威，认为后者乃不学无术之辈，士绅嫉妒枢密院与朝臣，认为其不过庸碌之材。自恃才高本就为人之天性，加之其人又受过大学教育，更难教其相信自己原本就缺乏治国理政之必要能力，尤其他们已经读过古代希腊罗马的历史，从纸上了解过它们的民主政制，须知希腊人与罗马人素来痛恨国王，只称其为暴君而已，而多人政制（尽管从未有暴君残忍可比公民大会）则被其冠以自由之名。伊丽莎白女王初年，长老派牧师尚不敢公开而直接宣扬与教会纪律相左之说。然而不久之后，由于得到一些重要朝臣的青睐，他们竟敢于在工作日走进英格兰的多数市镇中大肆布道，宛如当年那些到处游荡的托钵僧一般。他们在布道中极尽能事，其宗旨无非想方设法控制听众精神，其信条无非是为讨好人民，让人民相信他们乃良善之辈。

首先，说说他们布道的方法。一旦登上讲道坛，他们便开始卖力挤弄自己的表情和手势，之后无论祷告还是布道，抑或是引述《圣经》当中的章节（不管人们懂不懂），更是怪叫不止，故而若论及如何扮演一个虔敬之人，世上大概没有任何一个悲剧演员能比这些人做得更好。常人不谙其道，压根不会去怀疑布道之人是否包藏祸心，想不到后者其实早已志在掀起骚乱，颠覆国家；更不会去质疑他们言语中透露出的热情（同样的话，若是用平常的语气说出来，便难有如此效果了）以及其手势与面相中透露出的坚毅——因为如此言行完全就是为了激发献身于上帝的热情嘛。靠着这种伎俩，他们竟饱受赞誉，无数的人在工作日丢下了手头的工作，离开了自己的教区和市镇，甚至礼拜天也不再去自己的教堂，只为了去听那些人在其他地方的布道，于是凡是表演不如那些人出彩的，不管是本地牧师还是其他的牧师，都受到了人们的鄙视。至于那些并不经常从事布道，而只愿专心为人们诵读教会官方布道书的牧师，竟被呼为"哑狗"。

其次，再说说他们的布道内容。人民对于天主教的恨意尚未消解，然而天主教的残余信条依然存在，主教们并未觉得这些信条有何不妥，但他们却认为在布道中攻击这些罗马宗教的残余乃是无上光荣之举。可他们的所作所为却大大偏离了上述主旨，最后演变成借质疑主教权威以拔高自己在人民心目中的地位，须知彼时人民尚未完全摆脱偶像崇拜时代的习气。

复次，他们在布道之前所进行的祷告，听起来就像是即兴而作，他们宣称这完全是出于上帝的启示，许多人对此信以为真（至少看起来是相信了）。所有人都认为他们是不可能事先预料到自己会在祷文中说什么的。于是自此开始，人们开始讨厌公祷书，因为公祷书不过是人定的规矩，不过是预先设计好的，听众早就知道自己要说的不过是一句"阿门"而已。

再次，他们从不在自己的布道中抨击商人与手艺人当中那些见利忘义的恶习，即使有，也只是蜻蜓点水。那些牧师自己就是不义之徒，自然不愿谴责诸如造假、说谎、欺诈、伪善，或者其他不义之举，然而究其本质：这些恶习本就是市民与市镇居民惯常的品质，这样的品质正是他们的生财之道。你教牧师如何能断了他人生财之道。

然后，他们又在布道中传播这样一种观点：唯有让自己个人的灵魂接受考验，人才能确保自己得拯救；意思就是说，要让圣灵降临在自己身上。人们受此观点影响，愈发憎恶天主教徒，即使回到家中之后口里依然念念有词，不忘布道，并对布道观点深信不疑，视为必须，于是人们对待自己的邻居亦是虚情假意，怀恨在心，只因前者心怀鄙夷，认为后者够不上圣徒资格——邻居待己亦是如此。

最后，他们倒是十分卖力且严肃地谴责了两宗罪，一是肉体之欲，二是胡乱起誓——这种谴责自然是好事。但普通民众却由此倾向认为，十诫当中，唯有上述两诫才算是罪恶（鲜有人能完全看清，除了第七诫所禁止的色欲之外，人类的其他许多执念也能称为欲望，比如人们一般就不会用"欲"来形容自己对他人畜群、财货或资产的渴望）。因此民众不再顾忌自己的欺诈之举与害人之心，只要不行那些污秽之举，或者，至少不要让他人看出自己行了污秽之举便可以了。然而他们却又在自己的布道与著作中反复强调与灌输这样一种观点：有时脑内闪现的第一个念头即是罪过。这是什么意思呢？比如心存欢愉之念的男男女女看上了异性的外表，纵使他们控制住了自己的行为，没有将自己的念头付诸实施，他们却依然有罪。年轻人听了他们的教导，竟陷入了深深的绝望与自责，因为他们在行鱼水之欢时无法克制住自己的欢愉之念（然而根本没有人可以做到，因为这违反自然之理）。于是那些良心不安的人向他们寻求忏悔，把他们当作精神导师，在任何道德问题上都对他们言听计从。

B：他们当中也有很多人经常在布道中反对压迫。

A：是这样，我一时忘了。但那是布道环境变得自由之前。我想说的是，普通民众很容易便以为自己受到压迫，却未曾想过自己也是压迫者。因此你不难看穿他们的伎俩，他们无非想让人民相信自己真的被国王或者主教压迫着，或者二者皆有，来日时机成熟，后者自然而然愿意倒向本党。① 但他们在伊丽莎白女王一朝却不敢高调行事，

① 霍布斯此处的意思是说，与前述的六种伎俩相比，让民众相信自己受到压迫并不需要特地灌输，因为民众天性倾向于认为自己受到压迫，这种布道造成的恶劣影响也不需要特地观察，因为一目了然。故而霍布斯并没有将该点与上述六种伎俩安排在一起。——译者注

因为女王的威严与戒备令其心生惧怕。当时他们在议会中尚无权势，更遑论用权利请愿书或者别的什么手段来质问女王的特权，然而后来他们成功了，那些民主人士接纳了他们，邀请他们共商大事，二者皆图谋颠覆君主政体，建立所谓"自由"之民主政制。

B：其心虽可诛，然而如此阴谋竟何以能披着敬神的外衣，安然潜伏许久？其欲借战争而达成之目的，其在战争中所犯下种种不敬之举，无不揭示昭然祸心。究竟几时开始，议会中萌生出建立民治政府的念头？又是谁从中煽动？

A：要问将君主制转变为民主制的想法始于何时，我们还需仔细辨别。一直到他们谋杀国王之前，他们并未以建立"民主制度"的名义正面挑战主权权威。一直到国王被伦敦的骚乱危及自身安全，从而被迫出走约克之前，主权权利从未握在这些寡头手中。国王前脚刚到约克没几天，他们后脚便送来了十九条提案，其中有十二条都是用来索要权力的，而且还都是涉关主权行使的核心权力。其实在此之前，他们就已经在一份请愿书中索要了不少——他们称之为《权利请愿书》。国王在上届议会①时便同意了他们的要求，他不但放弃了自己未经议会同意便可自行征税的权力，还放弃了自己一直享有的吨税与磅税，就连拘留那些乱臣贼子的个人自由也没有了。若再要问是谁从中煽动，无疑是上届议会的那些议员了，当然也要算上查理国王初年以及詹姆斯国王末年的几届议会——虽然这样概括有些笼统，但我们

---

① 指 1628 年至 1629 年的那一届议会，查理一世朝召开的第三次议会，此届议会解散之后直至 1640 年"短期议会"召开的 11 年间，查理一世都未曾召开过议会，下文提到的"上届议会"亦是指代该届议会。——译者注

爱德华·科克肖像

爱德华·科克出生于 1552 年，是英国历史上最伟大的法学家之一。科克早年是一位十分优秀的职业律师，后经贵族赏识，于 16 世纪 80 年代进入国会下院，并由此平步青云，官至总检察长。詹姆斯一世继位后，科克先后做过民事法院法官、高等法院法官与王座法院法官。科克推崇普通法理性，他认为普通法对于国家来说是根本性的，即便国王的权威也不能破坏这种基于伟大历史传统与专业素养而形成的独立性。科克的这种立场经常使他站在国王的对立面上，詹姆斯一世对此十分恼火，终于在 1616 年解除了科克的法官职务，从此科克再未回到司法系统。但科克仍作为下院议员而活跃，并不遗余力地批评某些不得人心的政策。1628 年，科克最后一次参加国会，作为反对党的主要领导人，他组织起草了著名的《权利请愿书》，希望借此将国王的权力限制在法律之下，但查理一世随后便解散了议会，科克也从此告老还乡。1634 年，科克去世。霍布斯十分讨厌科克关于普通法之优越性的观点，他觉得那些律师之所以宣称法律至上，无非是想炫耀自己的专业知识，好主宰一切。科克也是霍布斯一生中为数不多的专门著书批评的同时代人之一，霍布斯为此写了《哲学家与英格兰法律家的对话》。值得一提的是，科克与培根是政敌。与一直与国王作对的科克不同，培根对詹姆斯言听计从，以至遭到议会记恨。后来培根因腐败倒台，正是科克在其中极力促成。

没有必要在此详列其名。其中大多数人都是下院议员，也有极少数上院的，但他们都认为自己有经天纬地之才，都觉得自己没有受到应有的重视，觉得是国王怠慢了他们。

　　B：国王掌握着一支庞大的海军，麾下精兵如云，所有的武库也听其调用，如何能说是议会先挑起了战争呢？

　　A：国王从理论上确实有权享有上述事物，但实际上正好相反，舰队和武库都落入他们手中，精兵也尽在他们麾下，由于长老派牧师的布道，又由于荒谬无知的政见所煽动起来的流言蜚语，好像所有的臣民都成了国王的敌人。除了议会愿意给国王的，国王甚至拿不出一分钱，然而议会的施舍自然是不足以保障国王的合法权利的，因为议会本就势在必得。然而若非局势突变，我认为他们断不敢诉诸刀剑——一切皆源于我们欲将公祷书强加于苏格兰人，却不顾苏格兰人皆为长老派信徒。纵然面对百般挑衅，然而议会若胆敢主动向国王开战，则前者必将大失民心，但若是为了自保，则另当别论，最好是国王主动向他们开战，接下来的事方能顺理成章。于是，他们便不断挑衅国王，只等国王做出一些看起来敌对的举动。

　　那是 1637 年，国王据说是听从坎特伯雷大主教的建议，将一份公祷书下发至苏格兰，（为明正该国礼教）命令该国牧师遵照执行，公祷书在内容方面与我国并无实质不同，遣词用语方面，除了将"长老"换成"牧师"之外，亦没有多大差别。然而公祷书在爱丁堡的教堂内宣布完毕之后，却引起了极大的骚乱，就连宣读人都差点丢了性命。于是大部分的贵族同其他人自发订立了一个盟约，而且还无不狂妄地自称"神圣盟约"（Covenant with God），旨在推翻主教制度。盟约自行其是，无意同国王协商，他们还得到了一些英格兰民主主义者的担保，后者绝不会让国王不经议会同意便兴师问罪于前者，然而这些民主主义者在上届议会中本就处处与国王作对，更别说他们在感情上便与苏格兰的长老派亲近。那些民主人士现在首先要做的，便是强迫国王召集一届议会——国王已经十年没有召开过议会了，因为他觉得寻求议会帮助纯属徒劳，上届议会除了妨碍他的计划之外，根本什么也没干。然而事情的发展并没有如议会所愿，许多贵族与士绅仍然对国王忠心耿耿，国王在这些人的帮助下设法组织起了一支大军，足以震慑苏格兰人的不臣之举。国王带着这支军队直趋苏格兰，苏格兰军队亦起而与之对峙，双方剑拔弩张。但苏格兰人随后致信国王，提议双方暂且退兵，各派委员进行谈判，国王不忍生灵涂炭，迁就了苏格兰人的倡议。局势得以缓和，国王前往爱丁堡，批准了一项令苏格兰人心满意足的议会法案。

Ｂ：他不是要确立主教制度吗？

Ⓐ：不了，他迫于当前形势而打消了这个念头，但国王的这个让步同时也让英格兰借机召开议会的计划彻底泡汤。然而那些所谓的民主人士贼心不死，之前处处与国王作对不算，现在竟还想让两国重启战端，因为只有这样，国王才会以自己的主权权力为代价，乞求议会的帮助。

Ｂ：话说回来，为何苏格兰的士绅与贵族竟如此反对主教制度？我不相信他们的神经会如此敏感脆弱，更不信他们竟个个都是神学大师，洞悉我们的救世主及其门徒当年定下的真教会信条。我更不相信他们竟会如此爱戴他们的牧师，以至无论教俗事务，皆心甘情愿听从其摆布。因为他们在生活中根本与常人无异，他们也追求自己的兴趣与喜好，所以他们厌恶主教本不会比厌恶长老派牧师更甚。

Ⓐ：我对这个问题一无所知，窥知人的内心乃是比思索一般人性更为困难之事。然而通过思索人性，我发现，首先那些名门世家通常不愿甘居人下，而穷学究们恰与他们志同道合（若这些学究做了主教，他们更是会与前者穿一条裤子）。其次，一国若受另一国追捧模仿，则前者必将备感光荣。苏格兰人乐见英格兰人陷入内战，于是自己便可借机援助彼处乱党，进而领导英格兰人，最后于彼国建立长老派信仰之统治——这也是他们后来公开提出的要求之一。最后，除了战争中夺来的战利品，他们还有望得到一大笔的钱财作为援助叛乱的报酬——他们后来也确实得偿所愿。但无论他们究竟缘何憎恶主教，把主教们都打倒却并不是他们的终极目标，若是他们只满足于此，那么现在主教制度已经被一纸议会法案取消了，他们往后本该消停了，可事实却不是这样。国王回到了伦敦，英格兰的长老派和民主人士心中盘算，自己既已帮助苏格兰人驱除主教制度，现在苏格兰人理应帮助他们推翻英格兰的主教制度。因此，他们极有可能与苏格兰人进行了秘密接触，苏格兰人对此前达成的和解协定并不完全满意。于是国王回到伦敦之后不久，他们便与自己在朝中的朋友通信，其中提及所谓的和解协定中的条款，但都是捕风捉影，胡说八道，我当时听说国王曾下令公开烧掉这些信件。于是两派再度走到了一起，然而国王此时却早已解散了自己的军队。

Ⓑ：就是说国王白白浪费了大笔的钱。然而您还没有告诉我，谁在指挥那支军队？

Ⓐ：我告诉过你是国王亲自在指挥。国王之下是阿伦德尔伯爵，伯爵富于勇气，判断力良好。但唯有国王才有权决定战与和。

Ⓑ：我知伯爵乃出身名门望族，其祖先曾大破苏格兰人，入其国如入无人之境。如今两军若有一战，则伯爵完全有可能再现其祖先辉煌。

Ⓐ：确实有这个可能，尽管许多将领确实受祖先荫庇，但先祖之功不过一时之运数，虽为相似之情境，然而彼时毕竟不同此时，故荫先祖之功定其军职乃迷信之举。在雅典与斯巴达的漫长战争中，雅典方面有一位将军经常在海战中挫败斯巴达人，于是在他死后，雅典人选其子继承将军职位，但却屡战屡败。西庇阿英勇无畏，调度有方，罗马人因而得以征服迦太基，当他们后来又在非洲与恺撒开战时，便又选择另一位西庇阿做将军，此人明明智勇双全最终却以身殉职。再看看我们自己的国家，埃塞克斯伯爵①曾对加的斯进行过一次传奇远征，然而后来他的儿子②再被派去同一个地方时，却毫无作为。故而期望上帝竟会让战功在一个姓氏或一个家族内遗传下去，实在是一种十分愚蠢的迷信。

Ⓑ：和解协定被撕破之后发生了什么？

Ⓐ：国王授予汉密尔顿公爵全权，命他前往苏格兰，无论如何都要想办法召开一届议会，但所有努力都是徒劳。苏格兰人现在铁了心要纠集一支军队进犯英格兰，还宣称鉴于陛下被奸臣控制，他们无法

---

① 指第二代埃塞克斯伯爵。——译者注
② 指第三代埃塞克斯伯爵。——译者注

第三代埃塞克斯爵罗伯特·德弗罗

罗伯特·德弗罗于詹姆斯一世继位之初便成为第三代埃塞克斯伯爵，热心的詹姆斯还同时为德弗罗安排了一桩婚事，女方是萨福克伯爵的女儿弗朗西斯科·霍华德。双方结婚之后，德弗罗前往欧陆旅行。原本的计划是等德弗罗回来之后，双方都到了适婚年龄便可圆房完婚，但这桩婚事后来显然成了德弗罗人生中一段极其痛苦的回忆，也成为詹姆斯一朝最为臭名昭著的丑闻之一。德弗罗旅行期间，霍华德逐渐与国王宠臣罗彻斯特子爵罗伯特·卡雷勾搭在一起，并在德弗罗回国后拒绝与其同房。霍华德想与德弗罗离婚，并谎称德弗罗阳痿，没有能力圆房——这让德弗罗在宫廷中成了笑柄。双方后来还是正式离婚了，霍华德如愿以偿地与卡雷结婚。事情还没结束，作为卡雷密友的托马斯·奥弗伯里爵士早前便劝告卡雷不要与这样一个名声不佳的女人结婚，鬼迷心窍的卡雷听从了霍华德的劝诱，暗中杀害了奥弗伯里。谋杀之事在三年后败露，案件被提至上院审判，德弗罗成为陪审员之一，并极力赞成判处自己的前妻死刑，然而詹姆斯一世念及与卡雷的旧交，最终没能对夫妇痛下杀手。查理一世继位之后，德弗罗又有过一段婚姻，但同样不幸福，双方新婚一年之后便分居了。霍布斯在书中曾皮里阳秋地暗示德弗罗之所以与国王作对，多少是因为他的婚姻。在结束第一段婚姻之后，德弗罗把大部分精力投入军旅生活中，其中就包括了三十年战争与对加的斯的失败远征。在此过程中，德弗罗积累了声望与治军经验。1640 年，查理一世似乎无意再让德弗罗留在军中，德弗罗于是转而投入了议会党人的怀抱。

享有应得的权利，因而不得不将载有冤情的请愿书面呈陛下。然而事实却是，他们早被英格兰的民主人士和长老派煽动，后者向他们许予报酬，诱以战利。甚至有些人说，连汉密尔顿公爵都愿鼓励而非制止此次军事行动，因为早有传言称其想做苏格兰的国王，此时两国不和，正是公爵实现野心的良机。但我认为此乃莫须有的指责，捕风捉影并不能污人清白，须知公爵后来为还国王自由，竟不惜搭上自身性命。苏格兰人心意已决，进犯英格兰已势在必行，然而国王现下急缺资金用于组织军队以作抵抗，不得不召集一届议会，国王的敌人终于如愿以偿，于是此届议会于 1640 年 4 月 13 日在威斯敏斯特召开。

B：我认为无论如何，但凡英格兰之议会皆应在此时为国王提供资金支持，以挫败苏格兰人之兵锋。苏格兰人对我国的不满之心根深蒂固，自古以来便与我国的敌人——法国结盟，而那些法国人最不愿见英格兰荣光时刻，总视英格兰之得为法兰西之失。

A：一国嫉妒邻国之荣耀确实乃常见之事，分明毫无裨益，却又徒增怨恨，原本二者间有共同利益与目标，最终竟因一时意气而分道扬镳。因此，国王发现议会对自己的帮助不增反降：大多数的议员在发言中质疑国王为何要与苏格兰开战，而且他们竟时常称对方为"我们的苏格兰同胞"。他们根本无意考虑国王有关筹款的要求，反而声称要纠正所谓的冤屈，尤其是国王在议会中断期间征收税金所使用种种不得已之非常手段，尤其是船税、售卖爵位以及其他皇家官职的杂项——这些都是在国家旧档中有据可查的项目，连律师也认可。除此之外，他们还开始对数个政府大臣出手，全然不顾这些大臣身负王命。如此一番下来，等他们真正开始讨论筹款事宜的时候，对于战事来说，这笔资金也已经来得太晚了（就算他们批准了，他们也不打算真的给）。不可否认，他们确实提到要给国王一笔钱，不过还是经过一番讨价还价才批准的，国王答应放弃他的船税权利以及其他一些特权，但他们既不打算给太多，也没有确定具体的数目，更别指望他会提供后续的支持。于是国王在 5 月 5 日解散了议会。

B：那国王要到哪里去筹集资金以应付军队开支？

A：他不得不再次求助于贵族与士绅，这些贵族、士绅的家境各有差别，因此贡献也就有多有少，但筹来的资金加起来也足够组建一支十分强大的军队了。

B：看起来同样的一拨人，在议会里不能尽心履职，匡扶社稷，现在出了议会却能尽心竭力。这中间究竟是何缘故？

A：绝大多数上院贵族以及全英格兰的士绅其实都倾心于君主政府而非民治政府，但却总也听不得国王拥有绝对权力。而他们发现只要坐在议会里，就能轻而易举地迫使国王约束自己的权力，于是政府就有望变成他们所谓的混合君主制。而所谓混合君主制正是要让绝对主权在国王、上院与下院之间进行分割。

B：可若是三者之间无法达成一致呢？

A：我认为他们从来就没有考虑过这个问题，但我十分确定他们并不希望主权归两院或两院之一独占。尤其，当国王被外敌苏格兰攻击，他们是不愿弃国王而不顾的。

B：我十分不解，英格兰与苏格兰本就在一个岛上，双方的语言几乎都是一样的，也受着同一位国王统治，到头来竟然互相视对方为外国人。罗马人统治过众多的民族，为了让他们更好地遵守罗马发布的命令与法律，罗马人认为理应让他们全都成为同胞，于是便从诸如西班牙、德国、意大利以及法国的许多民族中挑选出一些他们认为合适的民族，授予罗马公民权，有些人甚至成为罗马的元老，所有的平民亦得在罗马城中享有特权——如此一来这些民族便能在当地免遭其他民族的欺辱。为什么苏格兰人与英格兰人不能像这样合二为一呢？

Ⓐ：詹姆斯国王在刚刚加冕为英格兰国王的时候便竭力促成此事，但未能奏效。尽管如此，我觉得苏格兰人如今在英格兰享有的特权丝毫不亚于任何民族当初在罗马享有的，就是你刚刚说的"让他们成为同胞"的那种特权。所有苏格兰人都被归化入籍，他们有权在英格兰为自己以及自己的子孙购置土地。

Ⓑ：确有此事，詹姆斯国王执掌英格兰之后，只要是在苏格兰出生的人都有此权利。

Ⓐ：如今已鲜有在彼时之前出生的人在世了。然而你想，为什么这些在彼时之后出生的人就应该比那些在彼时之前出生的人享有更多的权利呢？

Ⓑ：因为他们生来就臣服于英格兰的国王，其他人则不然。

Ⓐ：难道其他那些人就不是生来就臣服于詹姆斯国王的吗？难道詹姆斯国王不是英格兰的国王吗？

B：原本是，但后来又不是了。[①]

Ⓐ：我不是很理解这种区分的微妙之处。但这种区分究竟是根据哪条法律确立的？难道有哪条法令专门提到过吗？

B：我讲不出，我觉得大概没有那种法律，但这样区分是基于平等的原则。

Ⓐ：我几乎看不到有何平等之处：这两个民族都有相同的义务服从同一位国王，然而竟并不享有相同的权利。既然如今已鲜有詹姆斯国王登基之前的人在世，那么请你告诉我，那些后来归化的罗马人在罗马的政治中有什么特权呢？同样，那些"归化的英格兰人"在英格兰的政治中又有什么原来作为苏格兰人没有的特权呢？

B：那些归化的罗马人，当他们在罗马城中时，对于法律的制定是有发言权的。

Ⓐ：而苏格兰人则拥有自己的议会，该国法律的制定都要经过他们的同意，这已经很好了。法国的很多省份不是也有各自的议会和各自的宪法吗？然而他们仍旧天然平等地受法国国王的统治。因而我认为无论是英格兰人还是苏格兰人，他们都被误导了，他们不该互相称对方为外国人。然而无论如何，国王现在拥有了一支足够强大的军队，他亲率军队奔赴苏格兰。当国王行至约克时，苏格兰军队已经集结于

---

① 霍布斯这里作了诡辩，其实 B 的观点更符合现代人的逻辑，A 没有将国王的政治身份与自然人身份作区分，B 此句的意思是，苏格兰人原本生来臣服于苏格兰的詹姆斯国王，但后来詹姆斯做了英格兰国王，所以那之前出生的苏格兰人在名义上便不是生来臣服于英格兰的詹姆斯国王，故而事情又变成了他们并不是生来臣服于詹姆斯国王这种看似矛盾的状态，所以 B 说"原本是，但后来又不是了"。——译者注

苏格兰军队渡过泰恩河（第二次主教战

两国边境，马上就要进入英格兰。然后他们立即开始进军。他们尽可能地避免对乡村造成破坏，以完成自己向国王递交请愿书的使命，希望国王能纠正那些所谓的苛政，因为正是朝中的奸佞向国王进献谗言，才导致了如今的苛政。

他们悄悄地穿过了诺森伯兰，但当经过泰恩河中的一个浅滩时——大约在纽卡斯尔附近——他们遇到了来自一小队王军的微弱抵抗，不过苏格兰军队很快就打退了他们，并且立即占领了纽卡斯尔，随后继续推进，占领杜伦。同时，他们致信国王请求谈判，国王同意了。双方的代表于是在里彭会面，最后达成一致：诸事须咨询议会后再做进一步决断，因此国王应于当年的 11 月 3 日在威斯敏斯特召开议会。国王就这样回了伦敦。

Ｂ：所以双方的军队都解散了？

Ⓐ：没有，苏格兰的军队由诺森伯兰和杜伦两郡出资供养，国王的军队则由他自己维持，要等到双方在接下来的议会协商中达成一致之后，两军才会解散。

Ｂ：所以实际上两支军队都是由国王在供养的，而且所有的冲突不和都要交由一个基本完全由长老派控制的议会进行决断，而长老派则肯定会意气用事，偏袒苏格兰人。

Ⓐ：纵然如此，他们也不敢立即开衅于国王，人民现下依然爱戴国王，若是此时他们公然暴露自己的意图，必然会招致人民的憎恶。故而他们必须编织一些谎言，扭曲事实，好让人民以为是国王主动向议会开战的。除此之外，他们在布道以及小册子中抹黑国王及国王言行的力度还不够，国王身边的忠良还没有拔除。他们用来对付国王的

计划就像老练的猎人对付猎物一样。首先为了把猎物孤立起来，猎手们要从四面八方发出噪音，把猎物驱赶到开阔的地带，等猎物晕头转向，便会愤而主动攻击猎手。

于是，他们先拿那些在布道与著作中为王权辩护者开刀，说他们有谋逆之心，欲取国王而代之——一些布道者和著作者就这样被逮捕了①。国王没有保护这些人，他们开始进一步质疑国王本身的行为，由于那些行为多是在大臣的建议下做的，于是他们又逮捕了一些大臣，有的大臣则逃去了国外。此前有许多人在著作与布道中竭力宣扬暴动，或者犯下了其他十分恶劣的罪行，因此被带往星室法庭②，由国王的顾问们审判定罪，并被拘捕。议会此时似乎是想试探国王和人民的态度（因为他们自己也不太有把握），竟以自己的权威下令释放这些人。于是这些人竟被释放了，而人民为此欢欣鼓舞，这些人就像在凯旋式上一般，被伦敦人簇拥环绕。眼见此举没有受到任何阻碍，他们接着开始质疑国王征收船税的权利——

B：船税！那是什么？

Ⓐ：英格兰历代国王为巩固海防，建造并装备船只，可向英格兰各郡强制征税，无论其地处沿海或位居内陆。而船税乃是国王新近推行征收之税项，议会竟极力反对，呼为暴政。有一个议员被要求缴纳

---

① 在 Edd. 版本当中，"逮捕"之后还有"或被迫出逃"，但在手抄稿版本当中被抄写者删去。

② 形成于 15 世纪晚期，主要由枢密院成员与普通法专家构成，原本意在与普通法及衡平法法院形成互补关系。星室法庭权限非常大，当权贵或有社会影响力的公众犯案时，星室法庭能判一般法庭所不敢判，提供司法救济，确保司法公正。正因如此，星室法庭后来成为专权、滥权与压迫的象征。——译者注

20先令（所谓的暴政就是：一个年收入至少有500里弗尔的议会议员要缴纳20先令的土地税），但这个议员拒绝支付税款，于是被除名，议会只好将此案诉至法庭进行审判。当威斯敏斯特的所有法官被要求表达自己有关船税合法性的观点时，十二位法官当中有十个人认为它无疑是合法的，然而由于议会的恐吓，对那个议员的惩罚最后也就不了了之。

B：议会嚷嚷着船税不合法，他们是什么意思？他们难道是在说船税违反成文法？还是说它违反了法学家们一贯的判断——也就是通称的"判例"？或者说他们只是觉得这违反了平等？顺带一提，我认为平等和自然法是一回事。

Ⓐ：知晓他人的心思十分困难，甚至是不可能的事情，尤其对方还是一帮诡计多端的人。但我十分确定一件事：他们借口不愿为国王提供捐助，背后绝不是为了什么平等，而是为了满足一己私欲。因为他们全然逃避了保卫整个王国的责任，统治者原本就是要统治的，现在竟落得必须要仰赖他人鼻息才能履行保卫国家的责任——这实在谈不上公平，若是统治者屈服，那他们才应该是这位统治者的主权者，而不是相反。至于那些蕴含在判例中的普通法，唯有国王认可它们的时候，它们才是有效的。况且，让一位道德败坏且愚昧无知的法官曾经宣布过的某项不合理的判决无论什么时候、无论多长时间都享有权威，都具有法律效力——这种事情显然没有道理。但说到成文法，倒是有一部，它就是《大宪章》，有时也称《英格兰人自由之大宪章》，其中有这样一条，规定国王不能因抵债而查封任何人，也就是说，除依据土地法之外，不能夺走他人财物。

彼得·佩特与"海上帝王号"

"海上帝王号"

"海上帝王号（Sovereign of the Seas）"于 1637 年下水，由彼得·佩特主持建造。英格兰海军自詹姆斯一世朝以来荣光大减，"海上帝王号"的建造正是查理一世为复兴海军所做努力的重要决策。该舰是皇家海军有史以来装饰最为华丽，也是火力最为强大的战舰——全舰共装备了 102 门火炮。查理一世为它花费了超过六万英镑，加剧了政府面临的财政危机。为了维持舰队，查理一世开始征收备受争议的"船税"，而"船税"正是导致英格兰内战爆发的直接原因之一。"海上帝王号"的命名也是一份政治宣言，以向外界昭示英格兰国王自古以来便对海洋有着独一无二的权力，英国人有权要求任何经过英吉利海峡的外国船只降旗示敬。作为对咄咄逼人的英格兰的回应，当时的荷兰法学家雨果·格老秀斯提出了开放的"公海"概念。在后来的第一次英荷战争中，降旗权正是双方冲突的导火索。值得注意的是，"海上帝王号"的尾雕形象是 10 世纪的英格兰国王埃德加，他被认为是"海洋之主（Rex Marium）"。"海上帝王号"在内战期间无所作为，共和国时期则更名为"主权号（Sovereign）"，并作为布莱克海军上将的旗舰参与到了与荷兰的海上冲突当中。斯图亚特王朝复辟之后，"海上帝王号"经过改装，作为一级战列舰（first rate ship of the line）继续在皇家海军中服役，并参加了第三次英荷战争与大同盟战争。1697 年，"海上帝王号"意外毁于火灾。"海上帝王号"的经历是 17 世纪中期英国一系列政治事件的缩影。

B：这对他们来说不正是一条十分具有说服力的论据吗？

A：不，你仔细想一想，它同样是经不起推敲的。比如所谓的土地法是指什么？是说有另一位时代更为久远的国王，制定过另一部所谓的《大宪章》吗？不是的，该项法律的制定，不是为了让任何人逃避承担公共开支的责任，而是为了防止有人蒙蔽国王，以不正当之手段假借国王的权力肆意压迫那些胆敢以法律手段反抗自己的人。但是这样的一条法律最终却刺激了议会的反叛之心，他们不但对此做了错误的解读，甚至让《大宪章》中其他的条款，至少是大多数条款的含义，全都变了味。

B：您斥议会议员皆为鄙陋之徒，然而选民们却视其为国中最为睿智之人。

A：若搬弄是非也能算作智慧，那他们确实足够睿智。但若是要我来定义睿智，它应该是指一个人在不要弄欺诈与卑鄙之伎俩的情况下，凭借其个人力量，以出彩的谋略达到自己目的的能力。因为只要在骰子上动手脚，或者把牌藏起来，就算是傻子也能赢过水平高超的赌徒。

B：根据您的定义，如今已经没有多少人能称得上睿智了。践行这种睿智需要勇气，能做到的人少之又少，其余的多数人只会讥其愚笨。纵然衣裳华丽，冠翎雕饰，礼数周到，诸如此类却并不能让人更有勇气承担痛苦，而发自内心的勇敢恰恰击中了这些人的痛处。然而当议会后来大权在握，征税以为己用，人民如何反应？

A：还能作何反应呢？终究是议会同意征收的，便是合法的，自然是要缴纳。

B：我知道当议会批准征税之后，人民应当缴税以为国王所用，但却未曾听过自己批准征税自己用的。[1] 这么看来，愚弄群众总比愚弄个人要容易得多。试想一个判断力健全的人，在事关自己钱袋子的事情上竟会这么容易被欺骗吗？要是他没有被变更政府的狂热所裹挟，没有被人人都能当家做主的自由愿景所诱惑，他又怎会被愚弄？

A：那你想想，这样一帮无知的群众会选出什么样的人来担任市议员与郡骑士呢？

B：别的我看不出，但那些曾被选进上届议会的人也最有可能被选进本届议会。因为人们一直以来，且一直都会无视自己对于公共事务的责任，除了个人的兴趣之外，他们从不会过多地关注任何事情，因为除了这些个人喜好，他们在任何事情上都只听从自己的直接领导人——也就是那些牧师，或者是那些地方上最有权势的士绅；这就像是普通士兵大抵都听从自己的直属长官——当然，是在前者爱戴后者的前提下。即使你觉得上次的动乱多少让他们清醒了一些，他们也会很快就忘记自己的错误，然后我们就会发现自己比起以前并没有多少长进。

A：为什么不能教人们知晓自己的责任？就像其他各种科学一样，我们也可以教给他们"正义"与"非正义"的科学，只要告诉他们事物的本质定义，再加以清楚明白的推理证明——比起那些牧师和民主士绅教唆造反和叛国，此事绝对要容易得多了。

B：但又有谁能教授根本不为人知的科学呢？假使确有某位能人异士曾钻研过"正义"与"平等"的科学，然而这种教授却触怒了那

---

[1] 霍布斯这里意指批准征税的是议会，使用税款的也是议会，此举无疑是在愚弄群众。——译者注

些手握杀伐之权的人，您如何能保证他的安全？

Ⓐ："正义"与"非正义"的法则是一目了然的，即使是理解力最为贫乏的人，也完全可以知晓其本质。尽管这些法则的介绍者默默无闻，但无论是在我国，还是在外国，这些法则都影响了许多教养良好的人士。但他们的人数还是太少了，在他们以外的其他人当中，很多人甚至不能阅读，即使是有能力阅读的，也多没有闲暇，而即使是有闲暇的，他们的精力也多被私人事务和爱好占据。所以，除了在休息日于讲道坛上进行教授，再没有其他方法能让群众学习它们。然而现实却是，他们在此处只学到了不服从。因此，这些法则的光芒早已被阴霾遮蔽，没有任何人能仅凭一己之力拨开重云，唯有借助大学的权威。然而那些牧师后脚还没迈出大学，前脚就开始宣扬全然不同的观点。大学之于我国，已如木马之于特洛伊一般。

Ⓑ：您能讲讲，我国乃至别国各处的大学始建于何时，又是因何而建立的吗？

Ⓐ：最初大学似乎是建立于查理曼大帝统治时期。我认为在此之前没有大学，但确实存在着许多教授拉丁语的语法学校，因为拉丁语是罗马教会的官方语言。但大学是指教授一般科学的学校，尤其是神学，所以我由此推定，大学乃是由于教皇致信查理曼大帝，后又有皇帝周围的顾问如此建议，这才建立起来的。最初是在索恩河畔的沙隆，不久之后巴黎和牛津也分别建立了一所大学。渐渐地，一些主教，贵族以及富人，甚至是国王和王后都开始不断资助这些学校，大学于是

获得了如今的显赫地位。①

B：教皇想要建立大学的意图是什么？②

Ⓐ：除了让自己的权势在那些建立起大学的国家内不断膨胀，（你可曾听过）还有其他的意图吗？学生们在大学里学会了如何为教皇辩护，学会了如何用难以理解的定义蒙蔽人们的双眼，同时他们还蚕食了国王们的权力。教皇的意图昭然若揭，学生们很快就对自己从事的工作驾轻就熟。因为巴黎大学的第一任校长就是彼得·隆巴德，正是他命令学生研习所谓的学院神学，第二任校长则是邓司的约翰·斯科特，两者生活年代基本相同。若是不能洞悉此二人醉翁之意实不在酒，恐怕任何有脑子的读者读完他们的著作，都会觉得他们是绝世大白痴，竟然写出如此毫无条理且愚蠢昏聩的东西。而这二人的衣钵又被许多学者继承，他们学会了如何让读者相信自己写的鬼话，也学会了搬弄是非，埋没真理——我是说，他们的拿手好戏就是明明只讲了一堆废话空话，却能取悦那些无知大众。至于极少数的有理解力的读者，这些新锐学者也不会在乎他们的想法。学者们也被要求熟练掌握教皇一直命令尊崇的种种信条：这些信条与国王权利以及其他世俗主权多有抵牾之处，而且宣扬由教皇掌握一切权柄无论如何都是必要的，也就是"一切为了灵性"，换言之，就是"为了宗教"。

正是自大学始，这些布道者怀揣着自己的把戏和信条，如洪水般涌向城市与乡村，恐吓那里的人民，让人民绝对服从教皇发布的标准

---

① 这一组问答在早先的 edd. 版本中出现过，但后来在手抄稿版本中被抄写者作为对第 18 页的重复叙述而删去了。

② 然而教皇这么做的意图何在？——edd. 版本。

和命令，又为了不让自己削弱国王和王公权力的举动看起来太过分，他们还不敢明着将之称为法律。

正是自大学始，他们为了掩饰自己信条中的种种荒唐之处，将亚里士多德哲学糅进了宗教当中，比如基督肉体的本质，又比如天使与圣徒在天堂中的地位。他们之所以树立这些信条，全然因为它们能给自己带来实际利益，即使是最无能的神职人员也能借此获得其他人的尊敬。因为它们让人民相信即使是最无能的神职人员也能变出基督的肉体，而人民不但会尊敬他们，还会对他们或者是教会慷慨解囊，尤其是自己身患疾病时，便认为唯有他们才能引领自己去见救世主。

Ⓑ：然而这些骗人的把戏竟如何将人给唬住了呢？是因为亚里士多德的学说吗？

Ⓐ：比起亚里士多德的学说，他们更愿意利用亚里士多德未曾言明之处。一是因为没有任何一个古代哲学家的著作可以与亚里士多德的著作相比，二是因为他们善于用文字忽悠众人，希望借此引发争端，这样到最后所有的争端就必须靠罗马教会进行裁决了。① 但他们还是借用了不少亚里士多德的学说的，首先的一条就是"本质独立"（Separated Essences）。

Ⓑ：什么是"本质独立"？

Ⓐ：就是指独立的存在。

Ⓑ：从哪里独立出来？

Ⓐ：从每一个自在的事物中独立出来。

---

① 此处在上下文当中稍显突兀，详见后文注解。——译者注

B：若是我无从知晓一个事物究竟是什么，那么我也无从知晓它的存在。但他们又是如何做到的呢？

A：那法子就多了，比如在有关神的本质的争论上，比如讨论有关人死后在天堂、地狱以及炼狱中的地位——路人皆知，仅靠着进行这种争论，他们从普通民众那里获得了多大的威望与钱财。亚里士多德曾经认为，人的灵魂乃是肉体的"第一动因"（first giver of motion），进而也是灵魂自身的"第一动因"，他们根据这一点炮制出了所谓的"自由意志说"（the doctrine of free will）——至于其中的缘由过程，我就不说了。亚里士多德更进一步认为，世上许多事情的发生并不具有必然性（necessity），而仅仅只是出于偶然性（contingency）、随意性（casuality）以及投机性（fortune）。

B：我觉得他们正是根据这一点推出上帝乃悬而不治，他只不过是无数投机事件的旁观者。因为若要认定某事物因上帝而起，那么某事物就必须先在事实上发生，（我认为）除此之外是没有其他的认定标准的。然而，这样就意味着必须为地狱中永恒的折磨的合理性寻找依据。因而最有可能的解释就是，（他们认为）人的意志和倾向并不受上帝的控制，而只由自己控制 ①。而且我还认为，这种观点在某种程度上又增加了教会的权势。

---

① 霍布斯这两句话的意思是说，如果我们认为上帝是一切事物的起因，那么上帝也是一切罪恶的起因，那么坏人在地狱中受到惩罚便是不合理的，因为坏人作恶不是因为自己，而是因为上帝要让他们作恶——这种解释显然是天主教会无法接受的，所以他们认为上帝悬而不治，而且上帝并不能控制人的意志，人由于自己的意志犯下了罪恶，因此被下地狱。然而这种解释又等于否认了上帝是全能的，故而霍布斯自己并不赞同这种观点。——译者注

Ⓐ：这还不算过分的。他们更需要的不是借亚里士多德来支持自己，而是当亚里士多德的观点与他们相左的时候，他们可以借否定亚里士多德来为自己贴金。[①]无论亚里士多德曾经说过在自然中多么不可能发生的事情，他们都可以证明是可能的——因为上帝是全能的，上帝可以让许多的肉体变为一个，出现在同一个位置上，上帝也可以让同一个肉体同时出现在不同的地方——亚里士多德是断然否认这种观点的，可纵然亚里士多德也要给他们的圣餐变体论让道。我素来不喜将宗教变成一门学问的行为，宗教应该成为法律，因为法律虽然在各个国家都不尽相同，却也在各个国家内都不容争辩。教授法律不应该像教授一门学问一样：先把各种术语的含义展示一遍，然后竟告诉读者，他们真正要学习的其实不是这些东西。术语的运用更不应含混不清。很多读者不解其意，其实并不是因为他们自己没有学问，而是因为那些词语本身就表达不清，大多数词语原本都是用拉丁文和希腊文写的，当翻译成那些国家的本地用语时，含义却出现了一定的偏差。然而最不能容忍的是，所有的神职人员都必须要装出一副对这些信条深信不疑的样子，因为教皇左右着他们在教会内部的晋升。至于那些普通的民众，无论是否相信这些奇谈怪论，也无论自己多有学识，也始终是低教士一等的教会子民而已。欲得拯救，唯有无限热爱并支持

---

① 从行文结构上来看，此句转承亦较为突兀，似为承接上文"比起亚里士多德的学说，他们更愿意利用亚里士多德未曾言明之处"一句。中间讨论"本质独立"与"自由意志"部分为天主教会借亚里士多德学说支持自己的实例，此处开始介绍天主教会借反对亚里士多德学说来凸显教会权势的实例，结合上文，霍布斯的意思其实就是：连亚里士多德这位首屈一指的古代权威都想不通的问题，教会却能明证，那么显然是教会更权威。——译者注

教会，愿意为教会而献身，甚至若是有必要的话，以武力对抗自己正常且合法的主权者。

B：我已经看清楚他们利用亚里士多德的逻辑学、哲学以及形而上学的伎俩了，然而他们又能如何利用他的政治学的呢？

A：此事我也不知。我觉得亚里士多德的政治学对他们来说并没有什么价值，倒是让我国蒙受了极大的损失。当人们对神父的傲慢日益不满，便会开始怀疑他们所提倡的那些信条的真实性，而为了验证自己的怀疑，人们就会想到去亲自翻阅《圣经》。于是人们就会去学习希腊语和拉丁语，而学习希腊语和拉丁语的人到最后一定会频繁接触到亚里士多德与西塞罗的民主学说，于是多半爱屋及乌，在被他们的雄辩术吸引的同时，也爱上了他们的政治学，在其中愈陷愈深，最终酿成了我们现在所说的这场叛乱。因此非要说这种政治学给罗马教廷带来了什么好处的话，它着实削弱了我国。须知自我国于亨利八世朝摆脱天主教的束缚以来，罗马教廷一直在寻找机会卷土重来。

B：那么亚里士多德的伦理学对他们又有何裨益呢？

A：基本上无论是亚里士多德的道德思想还是其他什么人的，对他们没有任何危害，不过对我国也没有任何好处。这些哲学家的学说涉及大量的善恶之辩，然而对于善恶究竟为何，却莫衷一是，更莫提如何能致善德而避恶习。然而所谓道德哲学的真正目的在于，无论是在面对公共时，还是在面对个体的他人时，都应教人们知道自己身上所背负的一切责任。这些哲学家要么视美德为某项人类激情的沉淀，要么就是他们自己欣赏的某样东西。然而，成就善行的并不是所谓的"滥"或"缺"，而在于引起善行的原因本身；成就恶行的也不是所谓的"滥"或"缺"，而是在其他人都遵守法律的时候，自己却违反法律，抑或是拒绝公正而宽容地对待所有人。

B：看起来您对臣民的伦理道德和主权者的伦理道德做了区分。

Ⓐ：没错。臣民的美德全然在于对国家法律的服从。臣民应当遵守自然法，进而还有世上所有国家都会有的民约法，二者代表了正义与公平。所谓的不义与不公，只能是指对法律的违反。同样地，服从法律也是一个臣民应有的理智，因为没有臣民对法律的服从，作为对臣民安全之保障的国家便难以为继。诚然，正当且适度地积累财富对于私人来说也是应有的理智，然而故意规避自己对于公共事务的责任，隐瞒自己的财富，拒绝按照法律的规定做出贡献，却称不上半点理智，而是无知，是对于何为保全自己的必要之举的无知。

主权者的美德则在于真心实意地维持国内的和平，并抵御外敌。不屈不挠是一种高贵的德行，虽然对于士兵来说，它是一种必要的职业道德，但对于其他人来说，刚毅之德越少越好，这对国家和他们自己都有好处。节俭（你可能会觉得奇怪）同样也是一种高贵的德行，因为它能增加公共财富，然而这种德行却不宜在公共支出方面过度提倡。另外，当我们面对他人释放的善意时，也不应吝啬自己对他人的信任。慷慨是另一种高贵的德行，因为国家的正常运作离不开大臣们恪尽职守，也离不开对主权者的一片忠心。因此这样的大臣理应受到嘉许，尤其是那些曾在战争中为国效力者。总而言之，要判定行为或习惯的善恶，唯有先看清其背后的原因本身，或是看看它对国家是否有益，而不是去寻找所有事物的中庸之道，也不要看它们受到的表扬有多少。因为不同的人会赞扬不同的行为，一个人视为美德的行为，另一个人可能会谴责，反之，被一个人呼为恶的行为，另一个人则可能称之为善——人总是受到一时感情的左右。

B：我觉得您应该把宗教也放进上述的美德当中，我认为宗教乃众善之首。

Ⓐ：我已经放进去了呀，看来你还没有发现它在哪里。然而再说下去我们恐怕要偏离原本的主题了吧？

B：我觉得您还没有完全偏离我们的主题，因为我想您的初衷是让我了解历史，而与其讲述晚近的这次动乱当中所发生的种种事件，不如讲讲事件发生的根源，讲讲是什么人使了什么诡计才让它发生的。很多人都撰写过这段历史，我不难知晓那时曾发生过什么，而且有些作者写得十分不错，然而这些著作却并没有解决我的疑惑。因此，既然您愿意接受我的请求进入这个话题，也愿意在我思考的过程中引导我，我们不妨继续。考虑到这样做确实容易使我们的话题混淆偏离，我会负责把您带回我们最初所坚持的主旨，我很清楚我们是从哪里开始的。

Ⓐ：好吧，那么，关于你说的宗教的问题，我已经告诉过你，所有的美德全然在于对国家法律的服从，宗教也是这些美德中的一种，我把宗教放在这了。

B：所以宗教也是国家的法律？

Ⓐ：世界上没有任何一个国家的宗教不是从国家的法律那里获得并建立起自身权威的。不可否认，上帝的法律并不需要依靠凡人的法律便能发生作用。然而凡人却永远不可能以一己之见揣度神意，妄称亲眼所见，而人自然又不愿被迫服从不知其所出的法律，于是便只好

默认了某些凡人的权威。一个人同时对神和国王都负有责任，所以，问题就在于，当两种责任产生冲突的时候，他是否还应该忠于宗教信仰？换言之，是听从某个与自己同为臣民的人或某个陌生人的教导，还是服从法律？

B：做出选择并非难事。因为若没有该国的主权者的授权允许，谅谁也无权在其国内布道传教。所以国王哪日若是将这差事给了我俩，您和我也能像他们那样合法地传教，而且我觉得我们一定能比他们干得更好，因为他们的布道掀起了我国的叛乱。

A：然而教会所倡导的道德却与我刚刚所说的有关"美德"与"恶行"的学说大相径庭，也与亚里士多德的伦理学毫无关系。因为在天主教会中，服从信条便是最重要的美德，只要足够虔诚，纵然叛国也是可以的。孝敬神职人员也是美德，既要在言语上彰显虔诚，也要在物质上有所表示。听话也是美德，只要是信仰要求的，纵然是人所共知的谬论，也要昧着良心表示信服。我还能举出许多他们所倡导的道德，但我觉得你已经足够了解了，你通读过他们的文人写的作品，在这些文人提倡的道学中，要判断世间万事万物是善是恶，唯有看它是否与天主教神职人员的信条是否一致。

B：然而英格兰的新教神职人员的道德哲学又是怎样的呢？

A：要想了解这个，你应该去看看他们平日里的行为与言谈，在大多数情况下都很好，也是很好的观察实例。这可比光读他们的著作有用多了。

B：但人总是诚实地忠于自己的恐惧，若是自己手上有权力，他们便会按照自己的观点来生活。因而如果这种观点本身就是错的，那他们平日的行为与言谈再好也是枉然。

Ⓐ：你想想教皇和长老派的所作所为，英格兰的牧师们几时像他们那样宣称过自己拥有某项神授权利，可以在宗教上支配国王和臣民，给他们订立规矩？如果他们确实如此宣称了，那么你丝毫不用怀疑他们在取得了数量和力量方面的优势之后——当然，他们从来没取得过这种优势——便一定会试图获取权力，就像其他人一样。

Ⓑ：我想通过阅读那些先王一党中颇具声望和学识的神学家写出来的著作，完整地了解如今的道德。

Ⓐ：那我推荐你去读一本目前来说十分优秀的作品（虽然有几页我不是很喜欢）。标题叫作"人类肩负的全部责任其实简单而熟悉"。然而我敢说，即使是在上次的动乱中最激进的牧师，若以此观点审视之，也都基本没有什么罪过。作者将人的责任分为三类：对上帝的责任，对自己的责任以及对邻人的责任。所谓对上帝的责任，就是要承认上帝的本质与属性，相信上帝的话。而上帝的属性包括全能、全知、无限、正义、真实、仁慈以及所有能在《圣经》中找到的其他属性。可你看这里面哪一项不是那些参与煽动的牧师宣扬的？他们说最好的基督徒同样具有这些品质。而所谓上帝的话，就是指英格兰教会官方发布的《圣经》。

Ⓑ：他们确实是听了上帝的话，只不过是根据自己的理解来得。

Ⓐ：除了自己的理解之外，难道还有谁的解释能让主教们以及其他王党人士接受信服吗？作者不过自说自话，所谓的对上帝之意的责任、服从以及恭敬都是他自己臆造的。难道那些参与煽动的牧师，不，难道有任何凡夫俗子，哪怕只是一瞬间，其行为竟能对抗上帝

的意志吗？

B：这里说上帝之意，我觉得作者大概是指上帝已经明示过的意思，也就是说，上帝的命令。因此，很显然，无论是在布道还是其他的什么行为上，他们都严重地违背了这些命令。

Ⓐ：如果只看行为，那么这些牧师绝对够得上恶贯满盈了，如果上帝愿意严惩，这些人都该下地狱。但他们会在布道中宣称自己完全是根据《圣经》中所载的神的旨意说话。如果他们真心这么认为的话，我们就不能说他们违背了什么，而应该说他们犯了错误。可谁又能知道他们内心是否另有想法呢？

B：伪善乃恶中至恶，只因其我明知其人伪善，却仍不能诉之公堂。①

① 以上两组问答围绕对神的意志的服从与违背的问题展开，逻辑不甚清晰：B认为那些参与煽动的牧师擅自解释《圣经》，A认为保王派说到底同样也是根据自己的想法解读《圣经》，所以无论哪一边，其所谓的对上帝的服从都是在自说自话。保王派神学家认为那些参与煽动的牧师违背了神的意志，但A却认为没有任何凡人能在实际上违背神的意志，所以B提出解释说这里"意志"其实是"命令"的意思，因为上帝发布过的命令是全部清除记载于《圣经》当中的内容，但A又反驳说那些布道者同样也会宣称自己是奉了《圣经》中的命令，所以问题没有解决。但霍布斯如果按照这个思路写下去，难免有助叛党威风而灭王党志气之嫌，故而最后A话锋一转，说若那些布道者若只是单单执迷不悟，就不能用"违背"来形容，而应该说"犯错"。很显然，霍布斯这里并不认为这些人只是执迷不悟，而根本就是居心叵测，明知故犯，所以对话最后得出的结论就是：这些叛党很虚伪。只是此处的逻辑似乎有问题，因为如此一来，我们就可以用"违背"来形容叛党了，故而霍布斯最后的调和不是很严谨，但这并不影响他想要达到的效果，"违背"也好，"犯错"也好，总有一个要落在叛党头上。然而这样解释也有问题，因为"虚伪"并不完全等于"违背"，这里不深入讨论。总而言之，霍布斯想要通过这两组对话以及后面的对话证明保王党神学家对煽动家的反击不得要领，甚至适得其反。——译者注

Ⓐ：作者定下的另一项责任便是要在上帝的居所（也就是教堂）中，在上帝的所有物，在上帝的节日中，在上帝的言语与圣事中荣耀上帝。

Ⓑ：我认为他们履行这项责任的尽心程度不比其他王党的牧师要差。长老派一样十分注意让神之居所免遭亵渎，按时输捐纳助，提供祭品，保持安息日的肃穆，一丝不苟地布道，圣餐与洗礼的管理也是井然有序。然而遵守节期与斋期难道就不算是责任之一吗？难道就不能彰显神的荣耀了吗？如果是，那么长老派在这方面显然是失格的。

Ⓐ：为什么？他们也有节日啊，他们也有斋期啊，虽然和教会官方宣布的日子并不尽然相同，但他们毕竟是挑选了自己觉得合适的日子。而且他们也在这些日子里祈求上帝荣耀君上——他们在这一点上全然是受了《圣经》的约束，他们也坚称自己是相信这一点的。谁又能证明他们不是这样相信的呢？

Ⓑ：我们还是先不要讨论什么其他的责任了，直接来看看我们对国王的责任吧，让我们好好考察考察，那些支持国王的神学家们所宣扬的学说在涉及这个问题时，是否无意中支持了长老派，引起了人民的叛乱。这也是您一开始谈到的。

Ⓐ：关于我们对统治者的责任，作者是这样说的："（这项责任）是我们必须服从的，无论是积极的还是消极的。积极的，是指所有合法的命令，换言之，只要地方长官下达的命令并不违背上帝的某些命令，我们就有必要遵照该地方长官的命令执行之，去做他要求我们做的事情。但若是他吩咐的事情与上帝的命令相左，我们就不应该积极地服从他。我们可以，更准确地说是我们必须拒绝执行（不过，我们

必须十分确定此事确系违背上帝之意，不可昧着良心说瞎话）。在这样一种情况下，我们应该服从于上帝，而不是服从于凡人。然而即使如此我们也应该消极地服从，对于长官施加给我们的，我们必须耐心地忍受，以这样的方式表示自己的抗拒，并且万不可为了保护自己而起来反抗他。"

B：这里面有何不妥？如何能被误读？

A：他们会说自己确实是按照上帝的旨意行事的，因为他们相信自己的所作所为确系依据《圣经》，也大可从《圣经》中找出例子，比如大卫和他的拥护者反抗扫罗国王，又比如后来的先知们一次又一次激烈地宣扬反对崇拜偶像的以色列和犹太国王。扫罗是这些人的合法国王，可他们既没有积极地服从他，也没有消极地服从他，相反，他们以自卫为由反对扫罗，倒是大卫自己宽恕了他。这也是为什么长老派命令自己的将军，要宽恕国王本人。尽管这些人站在讲道坛上煽动人民以武力保卫议会，然而你丝毫无法否认他们说的话全都得自《圣经》，都是神的话。若国王的命令有一丝违背了《圣经》，那即是违背了神的指令，于是臣民对抗国王便可称合法，如此诸事俱决于《圣经》，则恐国王本人性命朝夕不保，也难指望基督教王国长治久安。这种学说从内部分裂了王国，王党也好，叛党也好，都在公开论述鼓吹这种学说。所以我说若是以这种学说审视那些参与煽动的牧师，则他们完全就是无罪的。

B：我明白您的意思了。然而我还想知道，既然人民从未与全能的上帝有过交流，也不知道有谁比他人更了解神意，那么为何法律与牧师之间一旦发生抵触，他们为何竞相追随牧师（其中虽然不乏口齿伶俐者，但终究多是些愚昧无知的学究而已），而不愿服从法律？须知法律乃是由国王征得国内贵族与平民同意而制定的。

Ⓐ：让我们再仔细斟酌作者的措辞。首先，是所谓的"消极服从"。当一个小偷违反了法律，于是依据法律被处刑，人们会认为其受到刑罚本身是在服从法律吗？所有的法律都是命令人们"去做"或者是"不准去做"，显然两者并不是借助刑罚而得以实现的。如果某种刑罚能被称为服从，那么它一定是自愿性的，因为非自愿性的行为不能被称为对法律的服从。作者的意思是刑罚应该被视为服从，不能反抗，不能逃走，也不能躲起来逃避惩罚。试问谁会在自己性命难保的情况下，从容谈论所谓"消极服从"，还自愿把自己交给法官？我们见到所有的被押赴刑场的人不都是五花大绑，卫士簇拥吗？若是能够挣脱，他们难道不会这样逃走吗？这就是这帮犯人的"消极服从"了。基督说过（《马太福音》第二十三章，2,3）："文士和法利赛人坐在摩西的位上，凡他们吩咐你们的，你们都要谨守遵行"——这里说谨守遵行是"积极服从"的意思。文士和法利赛人虽然并不崇奉《圣经》，却也十分敬神，其命令亦从未与上帝已经明示过的意志发生抵触。

Ⓑ：暴君也值得人们积极服从吗？或者说，只要是合法国王的命令，就绝对不能违背呢？倘使我的父亲犯下死罪，按律当斩，我也要听从国王的命令，手刃吾父吗？

Ⓐ：此事不置可否。我们从来没听过有哪位国王或暴君下达过这样毫无人性的命令。如果确实有，那我们也应当考虑一下他所制定的法律中是否确实包含过这样的命令。因为所谓的不服从国王，是指不服从他的法律，而他的法律乃是适用于每一个人的。国王既是孩子的

父亲，也是一家之长，自然也会用命令来约束子女与仆人。然而他治理人民从来靠的是成文的法律，此时他是一个政治人，而不是一个自然人。如果你方才说的这种命令真的被写进了一般法律当中（虽说从来没有，将来也不会有），你也必须要服从之——除非你在法律颁布之后，在你父亲被判刑之前便离开这个国家。

　　B：作者还说了，我们虽然可以拒绝积极服从国王所发布与上帝之法律相左之命令，但"我们必须十分确定此事确系违背上帝之意"。我想知道如何才能够得上"十分"确定。

　　A：乱臣贼子妄称上帝的助手，自称亲耳听过上帝说话，还说上帝命他们反对国王——我认为你也不会真的信这些无稽之谈，所谓的听上帝说话，无非就是读读《圣经》罢了，然而《圣经》是你我皆可读的。大多数的人无意遵循《圣经》经文的本来意义，只愿沉溺于一己之见，所以我们无法达成一致，也不可能知道在具体情况下，上帝会命令我们去做什么，或禁止我们做什么，而唯一的解决之道就在于由国王任命某个人或某群人，让他们来决定经文的意义，让他们来判断某个具体的、具有争议性的道德问题。这样的人在所有基督教国家中是众所周知的，无论主教也好，牧师也好，还是教士大会也好，都是受主权者所托来管理教会。

　　B：我对您方才所说有些不解之处。您说不许人擅自解释《圣经》，而只准听从别人提供的解释，这样才能让人知晓自己肩负的责任，那我实在不懂他们为何又要将《圣经》翻译成英语，不但允许，甚至鼓励我们去阅读它。因为这样做不是只会让观点更加多样，最终（由于人的天性）导致纷争、不宽容、不服从，甚至是叛乱吗？况且，既然他们允许人们用英语阅读《圣经》，那么为什么不把《圣经》翻译得所有人都能阅读，让即使是理解力最为贫瘠的人也能读懂呢？那些有阅读能力的犹太人不也是通过犹太语来知晓本民族的法律的吗？就像我国的法律也是用英语写明的一样。对犹太人来说，《圣经》中的有些内容从本质上来讲并不是法律，便也没有义务非要去遵守，不管这些内容是不是清楚明白，除非是触犯了法律，否则不会随意施罚。对于新约，我也有同样的疑问。因为我认为对于那些天生便操着原初语言的人来说，一定能够很清楚地知道我们的救世主与他的使者，以及他座下的门徒向他们命令和建议了什么。您看，当大祭司亚那与耶路撒冷长老会的其他成员禁止圣彼得与圣约翰以耶稣的名义传教时（《使徒行传》第四章，19），二人反问："听从你们，不听从神，这神面前合理不合理？"——换作是您，要如何回答他二人的质问？

Ⓐ：此事不同。彼得和约翰已经见过，且每日都与我们的救世主说话，透过他显出的奇迹，二人不难知道他就是上帝，于是最后才确定自己不服从大祭司当下之命令的行为乃是正义的。试问，除了只能阅读《圣经》，如今哪一个牧师敢说上帝亲口对他下了命令，命他不服从国王或是去做什么其他的事情？国王的某些命令无论在形式上还是实质上都属法律，然而他们敢说哪一条违背了神的法律吗？须知神的法律是足够直白清楚的，无论在何种情况下，人们都能很容易知道上帝希望他们如何服从于他。你所征引的内容并没有说明，一个牧师比一个基督徒国王更有权威裁决在《圣经》释义方面发生的分歧。因此，在国王是教会首脑的国家，（先不说《圣经》本来就只能借国王与国家的权威才能得到承认）国王就是一切《圣经》释义的公正而至

高的法官，在这样的国家里，服从国王的法律与公共法令不但不是违背上帝，而是服从上帝。《圣经》中有那么多暧昧不清之处，不能仅仅因为一个牧师懂拉丁语、希腊语或是希伯来语，就认定他有特权将自己那些似是而非的观点强加给所有的听众；也不能因为他一时兴起，觉得自己悟到了一些别人没悟到过的释义，就认为他真的是得了什么启示——因为他自己也是不确定的。不，他那自以为是的解释不但是错的，而且其所有对国王本人及其法律的顽抗，根本就是出于天生的傲慢与野心，要么根本就是自欺欺人。至于你说将《圣经》翻译成英语是没有必要，甚至可能是有害的，我认为不是这样。《圣经》中不乏容易理解之处，这其中也教人信仰真理和良善之德（这些对于得拯救来说也是十分必要的），只要读者智力正常，骗子根本不可能有机会混淆视听。阅读这些内容是有益的，不会对他们和国家造成什么不良影响，不应该禁止。

B：无论是内在的信仰还是外在的修为，（我认为）所有对于得拯救所必需的事物都是明明白白写在《圣经》里的。"做儿女的，凡事要听从父母；做仆人的，要听从你们的主人；让所有人服从于更高的权力，无论是国王还是国王派到他身边的人；全心全意地爱神，对待自己的邻居就像对待自己"——这些是《圣经》里的话，写得清楚明白。然而无论是孩童，还是绝大多数的成年人，都不明白自己为什么有义务服从。他们看不到，国家的安全，乃至自己的安全，全然要靠服从才能实现。任何人（不需要特别教导）天然就能看到借由服从而给自己带来的好处。所有人都知道贪婪乃是万恶之源，却又无不认为，甚至时常将其看作发家致富的根源。诸如此类，比比皆是，有时虽然《圣经》中说的是一回事，但他们想的又是另一回事了，他们只看重某事物是否对自己当下的生活带来利益，而从不考虑未来生活的良善与邪恶，因为他们根本也就不明白。

Ⓐ：你说的这些仅仅发生在那些《圣经》被希腊语和拉丁语封锁起来的地方，那里的人民只能听从教士千篇一律的布道。然而那些有地位或是上了年纪的人们，总是善于验证那些纸上的道理的，他们自然会想找出他们所肩负责任之根据，而唯有直接阅读《圣经》才能让他们获得对于自己责任的真知，如此一来，他们不但会遵守法律，还会带动别人遵守法律。因为通常说来，年长且身份更高贵者总是其邻人的效仿对象，后者总不想惹这些大人物不快，况且比起自己的感觉和法律条款，后者更愿意以这些受到尊敬的人为榜样。

Ⓑ：您说的这些有地位或是上了年纪的人，在我看来恰是最不宜阅读《圣经》的，不应该对其抱之以如此的信任。我明白您是说这些人学习过希腊语或拉丁语，甚至二者都懂，于是他们同样也会热衷于学问，到最后就会变得喜欢在研究某些艰深的文本时钻牛角尖，如果他们发现自己得出的某个结论十分新颖且从未被他人提及，便会觉得自己找到了真理。于是他们不再关注那些能教他们责任的好懂之处，而是一心只想搞清楚宗教谜团。比如："统治天国者有三，三者是否为一？""神性如何化为肉身？""肉身如何切实在同一时刻出现于不同地方？""地狱在何处？地狱中有何痛苦？"还有其他形而上学的问题："人类的意志是自由的吗？抑或是被上帝的意志所统治？""神圣性究竟是因启示而来还是因教化而来？""基督究竟通过谁和我们说话？是国王？还是神职人员？还是通过每一个人自己解读《圣经》？还是

通过个人的灵魂直接对话？"诸如此类，不过是些旁门左道的学问，却引起了我国人民内部的不合，《圣经》曾教这些平民百姓信仰基督，爱上帝，服从国王，行为谨慎，现在他们全都忘了，他们只相信这些真假可疑的学说，而这些学说的炮制者正是您方才说的睿智之人。

Ⓐ：我并不认为这些人比其他人更适于解读《圣经》，也不是说其他的人就应该把他们的结论当成上帝的话。他们应该铭记的事情其实很简单，那就是不要去解释，不要去做这种对自己没有任何好处的事情。然而，一旦这些本来无所谓的学说被国王或者其他国家法律认可，那么我要说每一个臣民都不能表示反对——因为每一个人都有责任服从主权者。主权者手握杀罚大权，目光如炬，惩罚不轨者自不在话下。或遇某些人私自宣扬学说，主权者判断其与法律相左，有煽动暴乱、对抗法律之嫌，亦有权惩治之。

Ⓑ：看来主权者们要惩治的那些人多半都藏在大学里。因为方才那些稀奇古怪的神学争论正是自大学始，还有那些有关什么公民权利和教会政府的政治问题。他们醉心于自由之争，大谈亚里士多德、柏拉图、西塞罗、塞内加的著作，空论罗马和希腊的历史，竟只为驳斥主权者的必要权力。所以我不敢奢望我们能长享和平，除非我国的大学不再搬弄是非，从此专心致力于和平之学，教学生绝对服从国王之法，教学生绝对服从加盖英格兰国玺之诏书。受过大学教育者本就名声在外，若能从此坚持正道，则我毫不怀疑，单这样一项切实之举便足以维持我国和平,远胜过任何一场对逆党的胜利。然而话又说回来，国家的干预（the actions of state）固然必要，我却担心大学会不会甘心服从。

Ⓐ：既然大学曾屡屡为教皇权威张目，不惜违抗所有神法、民法与自然法，进而反对我国国王权利，设若有朝一日它们能知晓法律之实，辨明公正之道，又何尝不能弃暗投明？若某人身兼国家主权者与教会首脑，大学为之维权又有何难处？

Ⓑ：那当初亨利八世国王在议会中宣布自己为教会首脑时，他们支持国王权力为何不像之前支持教皇权威一样不遗余力？

Ⓐ：因为大学里的所有事务都是由神职人员管理的，而大学以外的神职人员，诸如主教或低级教士之类，又无不认为所谓打倒教皇其实就是要（在英格兰）让自己取而代之，而且他们中的绝大多数人都深信自己的精神权力并不依赖于国王的权威，而是来源于基督本人，又通过一代又一代的主教传承下来——只是他们内心知道这种所谓的传承也曾历经教皇之手，也曾包括那些被他们排挤出去的主教。虽然他们觉得教皇在英格兰所主张之神授权利实属无稽，但这并不是说他们同意把这份权利从英格兰教会移除，相反，他们现在认为自己才是上帝的代言人。似乎在他们看来，一个女人、孩子或者男人，若其既不能领会希伯来语、希腊语或拉丁语《圣经》，也不知道这些语言的名词与动词的词尾变化和动词形式变化，是断然没有资格来统治这一大群宗教权威、神学博士的。① 长久以来，大多数人一直误以为宗教等于神学，是神职人员的专利，如今更是如此。

---

① 霍布斯该句用了"统治"[govern] 一词，根据上文意思推断此处"女人"和"孩子"可能指伊丽莎白一世和爱德华六世，但两位君主年轻时都接受过完整的希腊语和拉丁语教育，而且君主接受多语教育是那个时代的通例，故而此处实际所指不明，或许霍布斯此处只是比喻，以体现所谓"专业人士"的荒唐可笑。——译者注

B：而且尤其是在如今的长老派之中。依我看，除了那些能复述出他们布道内容的，能在《圣经》释义之争中支持他们的，抑或是待他们一声令下，愿意赴汤蹈火、慷慨解囊的，根本没几个人能被长老派称作优秀的基督徒。对他们而言，信不信基督其实根本无所谓，只要信他们吩咐你的事情便可以了。仁慈与否也根本无所谓，重要的是须对他们仁慈又慷慨，还愿意与他们同流合污。当这样的一种观念成为我们的宗教信仰，我不知道我们如何得享和平。正所谓"肘腋之患，胜于疥癣"。长老派这些大逆不道的学说已经严重阻塞了人民的思考，深深植根于人民的记忆中（我不说"印刻在他们心中"，因为他们根本就懵懂无知，只晓得自己可以合法地起来造反），恐怕国家从此再无安宁之日。

A：当初亨利七世与亨利八世的身上各有一种品质，若这两种品质能同时集中于一位国王身上，则不难医治国家之疾患。亨利七世可让人民心甘情愿输捐纳贡；亨利八世则生性严厉；然而后者若无前者相辅，断不可行。

B：（我认为）您说的这些听起来倒像是一条给国王的建议，且先让这些乱臣贼子一意孤行，待到国王征得足够的资金，有了一支强大的军队，再将他们一网打尽，使其万劫不复。

A：上帝是不会允许这样可怕的、反基督的、毫无人性的计谋在国王的心中扎根的。我意在使国王能有足够的资金，能轻松召集起一支平乱之师，国王的敌人于是将看不到成功的希望，便也不敢在他改革大学时横加阻挠。然而我并不是要建议国王以莫须有的罪名把哪些人处死。如你所见，无论是此次的叛乱，还是其他书上记载过的叛乱，其轴心皆是大学，虽然将大学彻底废除并不可行，但确实应当给予其更有效的管束——也就是说，（就像真正的政治学一样）大学里教授的政治学应该让人懂得：服从任何借由国王权威而生效的法律乃是所有人的责任，除非这些法律同样经由国王权威而被更易。人们也应该明白，公民法即是神法，因为制定公民法的人正是由上帝指定的。还要让人们知道，人民和教会本就是一体的，只能有一个首领，那就是国王，没有人可以不经过国王的授权而行使统治。国王的统治承自上帝，不需要任何凡人、神职人员或是其他什么人来认可。神职人员应以宗教教化国民，要教他们静心等待我们神圣的救世主再次降临，也要教他们同时矢志服从国王的法律（这同时也是上帝的法律），教他们不要伤害他人，要对他人心怀善念，以仁义之心对待贫者与病者，教他们保持严肃的生活，远离不堪之事。那些自然哲学中的诸种概念，类似意志自由（freedom of will）、无形实体（incorporeal substance）、永恒当下（everlasting nows）、普遍存在（ubiquities）、本体实在（hypostases）等，人民既不理解，也不在乎，绝不可让它们混进我们的宗教当中。唯有这样约束，大学才有可能产生出操守良好的布道者，反观现在，这些布道者所秉持的原则不但扭曲，有些甚至根本不讲原则。

B：我认为这是个好办法，甚至可能是唯一能让我们长享和平的办法。因为若是人们不知道自己肩上的责任，又还有什么能迫使他们遵守法律呢？您大概会说一支军队，然而又是什么迫使军队服从呢？民兵难道不是军队吗？不久之前，土耳其的禁军不就是在君士坦丁堡的皇宫中谋杀了奥斯曼苏丹吗？我同意您的观点，只有布道者和士绅们年轻时代在大学里养成了良好操守，人民才会起而仿效，变得温良恭顺，同时也只有当大学自身如您所建议的那般进行了改革，我们享有的和平才能持续下去。牧师们应该知道他们所有的权威统统由至高世俗权力给予，贵族和士绅们也应该知道，无论国家是议会制还是君主制，所谓的自由国家并不是说他们可以在这个国家里逍遥法外，而是说他们可以免受邻国的欺凌。

现在我觉得我搞明白这个问题了，既然当初是由我的好奇心而暂离主题，那现在我也提请您回到我们最开始的话题吧。我们当时是在说船税的问题，议会抗议船税，称之为暴政与独裁，这样就把国王从其臣民中间孤立出来了，而且一旦这些人有需要，便能组织起一个反对国王的党派。现在如果您愿意的话，我们从这里继续，谈谈他们还使了别的什么诡计来达到上述目的。

Ⓐ：我想我们最好先中止我们的讨论，待到来日，你觉得适合的时候，再来详谈。

Ⓑ：可以的。来日可期矣。

对话 2

Ⓐ：你好，如果你多等我一会儿，我想我能多回想起一些事来。

Ⓑ：还是不了，我恳请您现在想到哪些就说哪些吧。剩下的等想到了再说。

Ⓐ：议会设法让人民相信船税的征收非法之后，人民就真的认为船税为暴政。然后他们便日益对王权不满，指责国王试图将罗马宗教引入王国之内，甚至重新树立其权威：人们对此事厌恶至极。不过这不是因为他们当真认识到了罗马宗教的谬误（这些人在检验真理方面既没有足够的理解力，也没有足够的判断力），而是因为他们所迷信的传教士曾在布道和演讲中这样地痛骂过罗马的宗教。这种子虚乌有的指责着实有效，因为诽谤让国王失去了人民的爱戴。因诽谤而被误解的第一件事便是：有个叫罗塞蒂的，之前住在教皇国，不久后便随侍王后左右；还有一位叫乔治·康的先生，是红衣主教弗朗西斯科·巴尔贝里尼的私人秘书，还是乌尔班八世教皇的外甥，也被派遣过来，在王后的恩宠庇护下（正如之前所计划好的）接触了些朝廷里有脸面的人物，试图争取这些人与罗马教廷达成和解。我不知道他成功了多少，但最后肯定是争取到了一些人，尤其是那些妇人。要我说，这些人中的一多半压根也不是因为他的口才被争取过去的，纯粹是因为这

样便有望得到王后陛下的恩宠。

B：在那样的节骨眼上，他们不应该来这里。

Ⓐ：萨默塞特宫里破例允许了一间圣方济各女修院，虽然婚姻法在这里还是适用，又有消息说克拉肯韦尔很快也会成立一间耶稣会女修院。与此同时，首席秘书弗朗西斯·温德班克先生被指运用自己的权力释放了几个属于耶稣会的英格兰人，这些人按律被驱逐离境，私自回国之后才被监禁起来，故而温德班克先生此举确属擅权枉法。英格兰的天主教徒常去王后的礼拜堂寻求庇护，此事也为攻击王后提供了口实，不光如此，王后平日也表现出对天主教徒的青睐。有人私下里说：国王陛下已经被王后所控制。

B：蛮不讲理！王后本就是位天主教徒，她除了尽力帮助天主教徒以外还能怎么办？她做了她应该做的。照这帮人的想法，王后应该做个虚伪的人——最好像这帮人一样虚伪。不论她是哪个教派，谁会认为一位虔诚的女士寻求自己所属教会之帮助与祝福的行为竟会是一宗罪过？

Ⓐ：国王正阴谋引进天主教——为了给议会正在酝酿的质控提供进一步的口实，这些人又提到主教派神学家与长老派神学家之间关于"自由意志"的争论。这场论战原本始于低地国家，戈尔马与阿米尼乌斯是争论的两方，当时我国正值詹姆士国王临朝，他预料此事定将波及英格兰教会，遂欲尽其所能平息争论。多特城随后召开了神学会议，詹姆士国王派了一两位神学家参会，但会议无果而终，争论于是悬而未决，最后变成了国内大学热衷讨论的话题。所有的长老派都赞同戈尔马的观点的：但也有很多人不赞同长老派的观点，被称为阿米

埃特伯雷大主教劳德

在议会看来，劳德主教和斯特拉福德伯爵分别象征着王室政府对人民的宗教压迫与传统自由的侵犯。劳德于 1589 年进入牛津大学就读，比霍布斯早了 14 年。霍布斯不喜欢牛津，也同样不喜欢劳德——这一点与霍布斯对斯特拉福德的同情态度形成了鲜明对比。劳德属于典型的由学者转为神职人员的那一类人，而霍布斯对这种类型的人十分反感，他认为正是这些人把哲学混入了纯粹的宗教信仰当中，把一切纯粹属于个人良知领域的问题拖入道德辩论中，并企图把自己变成宗教信仰、道德伦理乃至世俗的至高权威。霍布斯在书中认为劳德身为坎特伯雷大主教，纠结的许多神学问题却纯粹是自讨没趣，也暗示劳德曾在大学里便热衷讨论这些细枝末节——两人就读牛津的时代相去不远，霍布斯可能对此有所耳闻。劳德的阿米尼乌斯派立场可能也是霍布斯不喜欢他的原因之一。在政治上，劳德是个坚定的王权维护者，坚决反对议会对王权的掣肘，但他手段强硬，不知变通，在神学问题上容不得异己，加之其本来就因为天主教倾向而遭人怀疑，所以劳德在任坎特伯雷大主教期间非常不得人心。总的说来，霍布斯不喜欢劳德，除了他的许多个人观点与自己相左之外，多半还是因为劳德的政策在很大程度上催化了内战的爆发，尤其是劳德怂恿查理一世强迫苏格兰接受"公祷书"的行为直接导致了主教战争，给了"乱党"可乘之机。

尼乌斯派，后者普遍遭人厌恶，因为"自由意志说"一般被认为是教皇派的信条，加之长老派人多势众且受人民喜爱。坎特伯雷大主教劳德博士是阿米尼乌斯派，他曾以大主教之权禁止向人民传播"命定论"。所有欲讨好他且希望能谋得教职晋升的牧师，都开始竭力撰文为"自由意志说"辩护，好证明自己的能力与价值——议会于是拿此事大做文章，误导人民。同时议会中的一些人得出结论说大主教私底下其实是个教皇派，说他宽容罗马信仰，比如戴主教帽——这个结论不但荒谬，而且纯属毫无根据的猜疑。

B：真是咄咄怪事，有些人不在国家混乱之后便不得清醒，学者们把这些人搞得晕头转向之后，便把他们领进自己那些毫无意义的论战中，加入自己的争吵，这些争吵从大学流入国家的各个角落；更奇怪的是，国家好像就应该在争吵中选边站，而不是让两边都冷静下来。

A：国家纵然能强制令人服从，却难令人真心认为自己有错，遑提让这些自以为占理的人改变想法。压制这些学说只会让党派立场更加明显，争吵恶化，到头来两派之间怨恨更深，愈加固执。

B：但是这些人究竟因何事而争吵？主教派与长老派之间，会因基督的神性或人性起争执吗？两派之间可有反对三位一体论者？抑或其他诸如此类的信条？难不成在我们对国王所负有的责任之外，其中有一派公然宣传了与正义、仁慈、节制或其他任何可助我们得拯救之德行截然相反的事情吗？倘若没有，还是说他们中有谁欲操纵甚至毁灭国王？蒙主怜悯！难道说搞不懂他们的争论便没法得拯救？比起虔诚或诚实，这争论难道对于一个人的救赎更加必不可少？我们明明不是异教徒，竟为何比异教徒还需要更多信仰教化？基督和他的使徒们已经向我们指明得拯救的方法，难道还有比相信他们更重要的事情吗？为什么很少有人在布道中提到"公正"？我确实听过人们经常被灌输的是有关"正义"的概念，但"公正"不等同于"正义"，我很少在这些人的布道中听到前者。不仅如此，拉丁文与希腊文《圣经》中频繁出现的"公正"的字眼，在英文版《圣经》中统统都被"正义"代替了——"公正"的含义谁都懂，但"正义"的含义却莫衷一是，多数人将之理解为观点的正确，而不是行为与目的的正确。

Ⓐ：关于基督徒之间对于如何得拯救的争吵，恐怕我了解得并不多。最能挑起这些争端的，要么是教会之上的权威，要么就是牧师们的功利心与好胜心。试想到底是什么样的人才会自讨没趣地与邻人争吵不休，而目的却只是为了让我的或者其他人（而非他自己）的灵魂得到拯救？当长老派的神学家在布道时煽风点火，并在最近的这场战争中鼓动人们起来造反时，还有其他人会在政府更易之际之后也不用担心没有圣俸，或者即使享有也不必担心失去，抑或是丢掉其他的什么生计吗？还有其他人会跟着那些党派不计得失报酬，热情而自发地宣传这种大逆不道的观点吗？我得说，尽管我们听过的布道比异教徒要多得多，然而在我所熟知的历史与其他用希腊语和拉丁语写作的异教作家的著作中，那些异教徒在美德与道德责任方面一点也不比我们落后。我还得说，一个国家若是让人民每个礼拜天（或者更频繁一点）都坐下来听人演说，却完全不考虑演说者说了什么，那么这样的自由就会产生危害。除基督教国家之外，世上任何其他国家都不会允许这种事情发生，更不要提因宗教而招致内战了。我认为很多的布道本身就是祸患。然而，我认为在向人民宣传他们对于神与人的责任这件事

斯特拉福德伯爵托马斯·温特沃斯

　　在查理一世与议会于1629年彻底决裂之前，托马斯·温特沃斯作为国会议员，一直试图调和两者之间的矛盾，但他最终还是选择了支持国王，并成为查理一世政府的核心人物。在接下来11年的无议会统治期间，温特沃斯有一大半的时间在爱尔兰总督的职位上度过，以强硬但卓有成效的手段整顿了爱尔兰的秩序，不但制服了爱尔兰的天主教徒，还为查理一世的政府创造了不菲的收入。温特沃斯在爱尔兰的出色表现使查理一世决定于1639年将其召回，以应对英格兰与苏格兰之间日益剑拔弩张的局势。短期国会召开之前，温特沃斯仍然希望促成国王与议会之间的和解，并答应尽量帮助国王筹集资金以应对迫在眉睫的战争。然而短期国会坚决反对同苏格兰开战，查理一世也不愿在拨款数额上有所退让，温特沃斯的调停努力再次落空。短期国会解散之后，温特沃斯全身心地投入帮助国王对抗苏格兰的军事行动当中，不仅帮助查理一世筹集资金，而且还担任了王军的指挥官。在一次内阁会议中，温特沃斯向国王建议："您在爱尔兰尚有一支劲旅，可招之来削弱（reduce）该国（苏格兰）。"此番言论在随后召开的长期国会中成为议会党人借以攻击温特沃斯本人的口实。议会党人将温特沃斯在建议中提到的"该国"解读为"英格兰"，认为他试图招引外国军队镇压议会。对温特沃斯的弹劾随后到来，然而无论是欲加之罪，还是确实存在误会，议会党人对温特沃斯的迫害之举都绝对算得上是臭名昭著，前者一心只想置后者于死地，不择手段，罔顾法律。优柔寡断的查理一世未能阻止议会党人的行为，温特沃斯被草率定罪并处死。温特沃斯的遭遇是促成霍布斯决心逃离英格兰的诸多原因之一。

上，无论如何频繁也算不上是麻烦，因此在过去，这事一直交给严肃、谨慎与年长的人来做，人民尊敬这类人，而非人微言轻的年轻人。除了极少数的人会被那些年轻人的叫嚣叫唤给逗乐之外，人群中不会有谁会期望由他们来教训自己（因为这违反自然之理），或是给他们任何尊敬，也不会关心他们说了什么。我真心希望英格兰境内所有教区中都有足够多谨慎而年长的人能担此重任。然而这终究是个美好的愿望；我只盼国家尽其所能，有所作为。

B：那些人接下来做了什么？

A：有三个人被判定为宣扬扰乱治安的观点，有用文字的，有直接公开讲出来的，国王把这些犯人押送至远离伦敦处[①]。议会下令把他们放了，许其回到伦敦（我不记得陛下是否同意过）。我认为议会想借此举试探人民是否高兴，同时也测试他们坚持不懈地破坏人民对国王之爱戴的努力是否已见成效。三个人如凯旋一般穿过伦敦，人们争先恐后过来围观，为他们喝彩，甚至表示崇敬，好像他们是天使下凡。议会此时充分确信自己已经聚集起了一支庞大而躁动不安的乌合之众，只等一个用到它的机会了。于是他们满怀自信地实施了下一步阴谋，那便是剪除国王身边智勇之士、肱骨之臣，以防这些忠良妨碍他们的大计。下院决心首先找爱尔兰总督斯特拉福德伯爵开刀，伯

---

① 即普林、伯顿、巴斯特威克三人，此三人皆因在著作中攻击劳德大主教并反对主教制度而开罪于劳德本人，并因此于 1637 年被星室法庭判处"煽动诽谤罪"，被割去耳朵，分别流放于英格兰本土之外的海岛上，三人据信在审判期间受到了不公正的司法迫害。该案轰动一时，故长期国会召开后，两院认为其中存在重大冤屈，旋即将三人从流放地召回。——译者注

爵以叛国罪被弹劾。

B：这位斯特拉福德伯爵何许人也？他怎么就冒犯了议会，还是给了议会什么口实，让他们视若仇雠？我听说伯爵之前也和其他人一样当选过议会成员。

A：伯爵本名托马斯·温特沃斯，出身本郡（约克）名门，对于公共事务有尤为良好之判断力，不但熟悉乡里，更能洞悉全国之局势，因此其常被作为市镇议员或郡骑士而选入议会。与议会中其他人相比，公爵之政见并无不同，大致就是以下这些：谨遵先例，追求正义，管辖议会的判决或决议；保护人民免受未经议会批准的征税，或者防止议会征税过重；保护人民之人身自由免受君主独断权力之侵害；还有就是纠正不公。

B：什么样的不公？

A：不公通常就是这些事：国王太过放纵自己的宠臣们；国内某些大臣或官员的权势过大；司法、世俗或宗教方面的行为不端；更重要的是未经议会批准便擅自向臣民筹款。不过有关最后这一种不公，近来已经被得到了很好的"纠正"，他们拒绝——至少是阻碍——向国王提供必要的资金以应对共和国的紧急事态。

B：您如何能叫一位国王放弃其当仁不让之职责？臣民又如何能知道他应当服从于谁？因为在他的面前明显有着两个权力，当两者意见相左，便不可能两头逢源。

A：确实如此。但像 1640 年议会那种所作所为过并不常见，在此之前，国王与议会之间的龃龉通常并不至于发展到影响邦国安危的程度。在 1640 年之前查理国王的历届议会当中，斯特拉福德阁下也像其他人一样，坚决反对国王的要求。正是因此之故，他受到人民尊重和赞美，被视为一位优秀的爱国者，也是人民自由的勇敢捍卫者。也同样是因此之故，当他致力于支持国王陛下高贵而正当的权威时，便遭到了更甚的厌恶。

B：他为何回心转意，变换立场？

A：国王没能从1627—1628届的议会那里得到一分钱，因为他拒绝以他最为喜爱的几个仆人与大臣的鲜血为代价换取这种支持。那届议会解散之后，国王陛下很长一段时间内都避免召开新的议会，要不是苏格兰的叛乱让他走投无路，这种情况可能还会持续下去。国王在那次议会期间给托马斯·温特沃斯先生封了爵，温特沃斯先生的出色能力此前让国王遭受了不少麻烦，但这份能力此后也未尝不可为国王所用：他很快就进了枢密院，之后是爱尔兰的总督，他在这个位子上始终表现优秀，让陛下十分满意，直到他由于树大招风而干犯众妒，最终死于1640年那届不幸的议会期间。斯特拉福德伯爵于当年被任命为国王军队的总指挥，以拒上一年入侵英格兰的苏格兰军队。国王和苏格兰最后达成了和解，两边的军队都遣散了，议会暂时吃了哑巴亏，因为下院前不久才向上院提起了关于伯爵犯有叛国罪的指控。

B：伯爵是不大可能背叛国王的，他的光荣全靠着国王的恩宠才能得到，他的安全也得靠着国王的庇护方能得到保障。他们指控伯爵不忠究竟何意？

A：很多人在文章里攻击他，但所有文章归纳起来其实就这两点：其一，他企图颠覆根本法律与王国政府，并代之以非法的专制与暴政；其二，他致力于颠覆议会的传统权利，并干扰议会的正常进程。

B：他真的擅自做了这些事吗？

A：没有。

B：倘若真的有人叛国，为什么国王自己不找人问问清楚？没有国王的命令，下院擅自把人告到上院，这算怎么回事？倘若国王之前不知此事，他们应该早些闻达于圣听。我可不知道有这种法律。

A：我也不知道。

B：究竟是哪条哪款这样规定过叛国罪？

A：我从没听过那样的条款；我也不知道在国王明明已经听闻、了解，并且根本不认为有谁对他不忠的情况下，何以能使"背叛国王"之罪成立。但这只是议会阴谋诡计的一部分，将"叛国"这种字眼安在文章里公之于众，目的只是为了除掉碍事者的性命。

B：既然他们这样指控他企图颠覆根本法律与议会，可有具体的言行方面的证据吗？

A：有的，他们称伯爵建议国王动用爱尔兰的军队阻止议会履行其职责，此前伯爵阁下正是以这种方式为国王陛下在爱尔兰征得所需。但这根本证明不了他企图用这支军队对抗国王，相反，他建议国王用这支军队对抗议会。

B：那些被称为"根本法律"的又是什么？对于我们来说，自然法叫我们为了自己的安全，承诺服从于一个合法的权威，无论他是谁；对于国王来说，自己人民的繁荣、安康与幸福则是不言而喻的根本法律——除了上述之外，我还真的找不出有什么更加根本的法律。

A：议会指控他人时从不在意自己所遣之词的真正意义，他们只在乎这指控能在无知大众中造成多恶劣的影响，无知的大众想当然地以为一切可憎的错误一定会通过可憎的形式表现出来，如果他们讨厌那个被指控者，接下来他们就会给他扣上变节者、王党和背叛议会者这一连串的帽子。

B：请您再告诉我，他们声称的专制政府又是什么？他们似乎对此相当憎恨。这世上会有哪个独裁统治者是被迫进行统治的吗？他是被迫制定这条或那条法律，不论他愿意与否？我认为不会有，若真有这种事发生，那么那个强迫他的力量才是实际制定法律，实行专制统治的。

Ⓐ：确实。议会的真正意思是：该握有绝对统治大权的不是国王，而是他们，不光在英格兰，而且在爱尔兰与苏格兰（这事已经发生）都该如此。

B：所有人都知道国王在苏格兰与爱尔兰的统治权是如何从其祖先处继承下来的，倘若英格兰列位先王当初运数不至，未能承天命而占有二地，议会又何以能染指？

Ⓐ：话虽如此，他们会声称先王武功全仰赖臣民纳贡出资。

B：也就只有他们才能说出这种厚颜无耻的话来。

Ⓐ：所谓民主之集会（democratical assemblies），[①] 唯有厚颜无耻之事做尽，其巧言令色亦不过欲盖弥章而已。然而议会所言明明如此经不起推敲，却又有多少庸人会考虑其中是否另有蹊跷？伯爵被带到威斯敏斯特大厅的上院处受审、定罪并当即被国会法案宣布剥夺公权。

B：此事实在奇怪，上院显贵仅凭如此微不足道之根据便做出判

---

① 在手稿中，接在"assemblies"之后，有一段文字被涂抹掉了，除一个单词无法辨认外，剩下的文字为"可以说几乎所有议会都是如此嘴脸"。

决——至少也是同意了这一判决。此判例一开，恐于诸位显贵自身不利而后患无穷。

A：谋划者自作聪明，不忘在判决书上添上一款：此事下不为例，往后如遇有类似案情，不可据此而于人不利。

B：这一条款比之判决本身更为恶劣，无异于坦承其所作所为有违公正。可有人想过此恶例造成之恶劣影响？况且往后如遇类似案情，则远非区区一行文字所能控制。

A：尽管大多数贵族骨子里好战而野蛮，并因此嫉妒伯爵之荣光，但我相信那些显贵不至于真心愿意判伯爵有不忠之罪。他们被民众的叫嚷吓怕了，"制裁，制裁斯特拉福德伯爵！"的喊声一直传到威斯敏斯特。一些下院的议员从旁煽风点火，在狂欢一般地迎回了普林、伯顿与斯特维克三人之后，这些议员设法让民众骚动起来，好让他们浑水摸鱼。贵族们也有些忌惮下院，毕竟如果下院此时想搞掉哪位贵族，只消投个票，说他"行为不良"就行了。

B：行为不良？什么样的人行为不良？行为不良的人是罪人吗？他们是要惩戒所有罪人？

A：只要被认定为行为不良，他们就会尽其所能迫害那个人。但贵族们还不至于觉得他们会取消整个上院。

B：这又是件奇怪的事情，整个上院居然没有认识到王权的崩坏，哪怕只是稍有削弱，都会造成贵族的崩坏与削弱。他们不可能指望人民会把从国王那里夺得的主权给他们，贵族数量太少，且与下院议员相比，又没有那么受民众爱戴，便难以和下院争权。

Ⓐ：我倒不觉得这有多奇怪。就个人能力而言，贵族们总体在公共事务方面并不比郡绅和市议员显得更有才干。没有理由认为一个今天在下院的郡骑士，明日被升为上院的贵族之后，就会更聪明睿智些。能进入两院者，无一不是举国之内谦逊而有才干之人，在从事其私人事业时，亦能见其勤勉有为、天资聪慧之处。但国家的治理不是单靠睿智、谦逊、聪慧这些便能敷用的，它需要绝对可靠的法则和关于公平正义的真正科学。

Ⓑ：当真如此的话，没有任何国家——君主制、贵族制或是民主制——能长治久安而不被变革的叫嚣所干扰，不论变革是针对政府本身还是执理政府的人。

Ⓐ：确实，再伟大的国家也不可能长久地不受骚乱困扰。希腊人曾一度建立了许多小的君主国，动乱之后则被许多小的共和国取代。小共和国后来逐渐成长为伟大的共和国，动乱之后又被君主制取代。所有人都想着建立受人瞩目的正义统治，但如果人们真的已经明白了所有这些骚乱是如何发生的，他们会发现唯有政府安定，野心家才不可能乘隙扰乱政制。野心家们无法单独成事，倘若普通民众通晓其肩负之责任，则野心家便难以兴风作浪。但他们时下已经被传教士的花言巧语所败坏迷惑，被灌输以有关人类意志本性的无用且危险的信条，还有其他许多哲学观点既不关注灵魂在来世得救，也不关心现世的安逸，而只叫人要对牧师毕恭毕敬，然而这份尊敬本来只配国王享有。

Ⓑ：我看无论如何，只要还没到世界末日，基督教国家就会一直被无休止的叛乱所困扰。

Ⓐ：不足为奇。正如我之前所说，这种毛病其实很容易改过来，只要调整一下大学就行了。

Ⓑ：议会开幕到此时已经过去多久了？

Ⓐ：议会是在 1640 年的 11 月 3 日开幕的。斯特拉福德阁下在上院被弹劾犯有叛国罪是在 11 月 12 日，11 月 22 日他被投进伦敦塔，审判开始于次年的 3 月 22 日，结束于 4 月 13 日。宣判之后下院投票认定其犯有叛国罪，这之后，大约在 5 月 6 日左右，上院也表决通过。伯爵于 5 月 12 日被处决。

Ⓑ：真是进展迅速。尽管如此，国王就不能赦免伯爵以挽救其性命吗？

Ⓐ：国王已详细知晓审判之过程，并已严正宣布自己对判决十分不满。我认为国王本应该赦免伯爵，从议会一手策划的骚乱中保护住

处死斯特拉福德伯爵

他，尽管这样做会让国王本人暴露在民众的狂怒下，国王周围最亲密的人也因此劝国王不要阻碍处刑，甚至连斯特拉福德伯爵自己也这么说，但国王当时未能伸出援手未免让倾向国王之人大为恐慌。国王本人后来确实承认自己做错了，他后悔自己没有坚持救下伯爵。

B：很难断定国王当时如何处置此事最为妥当。但我没听过奥古斯都恺撒曾在类似的事情上表示自己做错：奥古斯都把西塞罗丢给了与后者不共戴天的安东尼。由于西塞罗是奥古斯都养父的死敌，所以他对奥古斯都的忠诚很有可能也不是发自真心，或许只是出于对安东尼的敌意，或是对元老院的热爱，最有可能是出于自己需要在元老院建立权威。这样看来，斯特拉福德伯爵很有可能是出于私心而投奔王党，毕竟他曾经在前几届议会中不遗余力对抗国王。

A：揣测他人意图并不妥当。但依我之见，你所形容的求名问利之徒，通常都因其过于执着而不得其所欲。另外，倘若王公贵族们真要到靠拜官晋爵来笼络臣子，那么他们的统治想必已经——或很快就要——摇摇欲坠了。如果光靠执念就能买到荣耀和权力，那么斯特拉福德阁下一定不是买得最多的那个。

B：您一定听过赫拉克勒斯大战许德拉的事，当他把许德拉的任何一个头砍下来时，原来的创口上就会再生出两个头来。可他最后还是把所有头都砍了下来。

A：这故事不该这么讲。赫拉克勒斯最开始不打算砍的，他想出钱把他们都买下来。可随后他发现这不见效，于是他才把他们都砍掉并赢得了胜利。

B：他们（议会）接下来做了什么？

Ⓐ：在首次弹劾斯特拉福德伯爵之后，下院紧接着在 12 月 18 日以同样的叛国罪名指控坎特伯雷大主教，罪行也是包括企图引入专制统治等，他于次年 2 月 28 日被投入伦敦塔。但对于他的审判被推迟了很长时间，一直到 1643 年的 1 月 10 日，为了取悦苏格兰人并换取苏格兰对议会的援助，他们才动手。

Ⓑ：苏格兰人何以觉得坎特伯雷大主教是个严重的威胁？他不是一个战士，也没有领兵作战的能耐，但他大概是位了不起的政治家。

Ⓐ：他的所作所为担不起你说的这个名号。我没听说过他是个对自己的德行十分诚实的人，或是一个主教制度的狂热拥护者，或是渴望虔心奉神，或是渴望荣耀我主，我们认为彰显神的权威的事情，他一件也没有做过。他所做的只是把国家拖入了自己的个人纷争中，没错，就是他那在大学里和人发生过口角的自由意志的问题，还有他对祈祷书及其标题的细枝末节的纠缠，这些事情在我看来根本就不该是他这个位置的人该操心的。回到我们的话题，大概在同一时间，议会通过了一项法案（国王也应允了）。法案生效之后，目前的议会届满解散的三年内，国王应当以该法案的名义再召集新一届的议会，日期应当确定，地点在威斯敏斯特。

Ⓑ：但若是国王没有下令召集议会，出于什么不可抗力，觉得不方便，或是这样做会威胁到他的人民的安全与和平呢？我无法很好地理解这个问题：一位双手被绑住的主权者怎么让人乖乖听话？当他肩上负有比其治下之国家的利益更重要的义务，他如何能做到？而正像

您所告诉我的，他们当时还称国王为他们的主权者。

Ⓐ：我无法回答你。但法案确实如此规定。它规定得很细：届时若是国王没有亲自下令，那么大法官和掌玺大臣暂时履职，负责发出召集令；如果大臣拒绝，那么就由郡治安官自己于议会开幕前在他们下属的郡法庭内主持进行所谓的议会参加者的选举。

Ⓑ：若是郡治安官也拒绝呢？

Ⓐ：我想他们对此是宣了誓的，但那是另一回事了。

Ⓑ：议会不在期，他们向谁起誓？

Ⓐ：毫无疑问是向国王，无论议会在不在期。

Ⓑ：那么国王可以解除他们的誓言。[①] 而且如果他们拒绝这样做，国王有理由对他们动怒。议会不在期，他们又不服管理，谁又能在此时保护大臣和郡治安官？

Ⓐ：我恳请你不要再问我这种事情的缘由了，我知道的也不比你多。我只能告诉你：在那年的 2 月中旬，有这样一个法案为着那样一个目的被通过了，国王还在上面签了字，而就在此前大主教被投进了监狱。除了这份法案之外，议会两院同时达成一致，决定在两院同意自行解散之前，现有的议会应当一直维持下去。国王也同意签署了这份法案，同一天被签署的还有处决斯特拉福德伯爵的令状。

Ⓑ：他们还真是进展神速！才这么短时间，就借助议会达到了自己——至少也是两院中最狂热的煽动分子——的目的。去年 11 月他们才坐下来开会，到今年 5 月，才过了半年的时间，他们从国王那里

---

① 后文中有一句"除此之外，他们还迫使国王裁撤了星室法庭和高等宗教事务法院"，在之前未授权的版本中，该句置于"解除他们的誓言"之后，似系误录。

偷得了人民的忠诚，清除了他身边的忠良，砍了斯特拉福德伯爵的头，囚禁了坎特伯雷大主教，等他们想着什么时候解散了之后还能再开一届三年期的议会，想开多久就开多久——为了保住自己的战果，他们全面削弱了国王的权利。我认为除非是主权者自己清楚宣布放弃，否则不该如此。

A：除此之外，他们还迫使国王裁撤了星室法庭和高等宗教事务法院。

B：可是钱呢？国王做出了如此大的让步，他们提供了与之相应的津贴或其他什么做补偿吗？

A：没有，他们只是时常向国王保证他们将使他成为英格兰史上最伟大的国王。这种话传到民众耳朵里倒让民众觉得这是件好事。

B：那议会现在满足了吗？他们向国王索取的简直不能再多。

A：是啊，他们索取了完整而绝对的国家主权，把君主制更易为寡头制。由少数贵族和 400 平民组成的议会掌握着这份绝对主权，可这也是暂时的，很快上院也失势了。这一切都是出自长老会牧师的设计，他们靠着自己神授的权力，独霸了教会的统治，还试图在俗界如法炮制。既然精神律法由全体宗教会议制定，那么世俗法令便应当由下院制定。这帮牧师天真地以为后者将一如既往听从他们指挥，乃至比之过往更甚，可惜事情后来未能如他们所愿，他们回首惊觉自己的信徒早已凌驾于自身之上，聪明反被聪明误。

B：接下来呢？

A：8 月以后，国王觉得自己已向议会让步，议会没有理由再与他作对，便启程前往苏格兰，希望能像平复英格兰一样，平复苏格兰的局势。如果能争取到苏格兰方面的善意，至少能保证若将来英格兰议会一旦起兵谋反，苏格兰不会从旁策应——显然他又被欺骗了。国王答应取消主教制度，苏格兰人表面上表示诸事满意，但转脸便和英格兰议会结成了同盟，若国王欲对议会不轨，则入侵英格兰以为应援，事成之后必有重酬——那是一两年之后的事情了。

B：在您接着叙述下去之前，我想知道，不管是上院也好，下院也罢，抑或是整个议会，他们现在所主张的那份权利的根据与源头究竟何在。

A：这问题牵涉久远之事，他们怕是早已忘记。除了我们自己国家保存的记录以及关于罗马历史的一些只言片语，我们手上也没有其他可以考证的东西。就记录来说，那些记载的事情有时是处理得很恰当的，有时又是欠妥的，你不能因为历史上有人声称其应当拥有某项权利便认为他们真的享有过这项权利。

B：那么，就请告诉我，罗马故事又有何教益。

A：那就说来话长了，而且与我们的话题毫无关系，我们得引证所有描述过那些共和国的古代作家的著述，这就包括了我们最早的撒克逊人祖先以及其他日耳曼人，甚至还有其他国家的人，我们正是从这些民族那里继承了沿用至今的地名。不过我们可没有从他们那里继承过什么权利的依据，史实反而告诉我们，权势过人的臣子往往心怀不轨，最容易行不义之事。那些撒克逊人或盎格鲁人，在古时曾数度入侵英格兰，最后主宰了这个国家，他们可不是一个完整的共同体，而是一个由不同的日耳曼首领和酋邦组成的联盟，就像特洛伊战争中的希腊军队一样，除了自己的好恶以外，他们不遵从任何人或事。大多数的首领在故土时也不是什么主权者，充其量是被人民选出来做军队的指挥者，以带领他们。这样一来便不存在不公平，当这些首领们合力征服一地，便推举一人做国王，余下的人则应享有远优于普通民众与士卒的特权。不难想象该特权有何内容：众首领分享构成政府之主权权力，因而其理应知晓国事，接受咨询，无论和平或战时，皆享有无比重要与显赫之官署。但那么多的主权者其实等于无政府状态，因而不能说他们有"权利"反抗国王所强加的决定，他们做"好臣民"的时间不会比享受此项所谓殊荣的时间更长。[①] 英格兰诸王在所有重大场合都要召集他们，寻求这些谨慎睿智之人的建议，并将任何在集会期间呈上的案件交由他们裁决。诺曼人本就为日耳曼人一支，也因袭此法，亦即，享有国王咨询顾问之特权，以及聚而裁判，主持公道之权，此法自诺曼征服以来便沿用至今。可尽管这些公卿贵胄从来不乏各种荣誉头衔加身，真正让他们享有特权的却只有男爵的头衔。男爵一称起源于古高卢，这一头衔标志着其人乃率土王臣，国之肱骨。就我了解，尽管当时国王如有需要确会征询众卿意见，但若国王弃而不用，众卿也无权开衅于国王。

B：何时开始，平民议会成为国王咨询会议之一部分？

A：诺曼征服之前，国中有贤，非尽显贵，国王贤其贤，特招之来与闻国事，然而此事与平民议会并无关系。据我所知，唯有到了亨

---

① 霍布斯此处意为：所有首领都是主权者，首领对国王而言也就无所谓"权利"一说，也就不存在"享有权利"这一殊荣，更谈不上做"臣民"。——译者注

利三世统治晚期至爱德华一世临朝之初，郡骑士和市议员才得以进入议会，皆因之前贵族僭越无礼。众所周知，乡绅与市民饱受显贵压迫，此番所为意在抑制贵族之权势。亨利三世之前，大多数贵族源起自日耳曼入侵与征服浪潮中，各首领之间本互为同伴盟友，后举一人为共主，其情况一如今日法兰西贵族，领内佃户实为其私蓄之民。自亨利三世以降，历代国王新封贵族不在少数，不少受封之人空有虚衔而不领食邑，如此一来，领内佃户再无须为其而战，贵族便也日渐难以结党犯上，但贵族仍是国王治国重要之依靠。贵族衰则平民兴，但据我所知他们尚未成为国王御前顾问之一部，或是最高裁判者。不可否认，国王虽有时于彼处寻求建议，但并不偏听彼处之建议。况且，召集平民之初衷非为寻求建议，而是万一有任何救济不公之请愿，可于此时呈予圣听，国王御前另有顾问，可助其裁断——仅此而已。然而无论平民或贵族，都不可向国王表示不满，因为那时国王不仅能以法律约束二者，还有权自由选择自己的私人顾问、征税募兵、保卫王国之和平与尊荣、任命军队长官与城堡守将。现在，他们却告知国王，国王的存在本身就是一种不公。

B：国王驾临苏格兰后，议会做了什么？

Ⓐ：国王去时是 8 月，此后议会从 9 月 8 日休会至 10 月 20 日，12 月初国王便归国了。在国王不在的这段时间里，两院中的许多希望颠覆国体、废除王政的煽动分子（他们的智慧却不足以考虑另立新政取而代之，只能寄托于战争造成局势变化）之间已经形成了一个阴谋：他们计划逐步掌控下院，以下院之权力设计一出国内叛乱的好戏，接着他们就可以顺势呼吁采取行动以防外辱，同时他们自己便能假托

正义粉墨登场。另外，国王身在苏格兰期间，爱尔兰天主教徒聚集成党，已成气候，欲将此地新教徒赶尽杀绝，便计划于 10 月 23 日围攻都柏林，此处是驻爱尔兰国王政府官员居住地。都柏林方面直到当晚才发觉事情有变。尽管这事确实已经发生了，我还是不忍向你提起当都柏林方面后知后觉时发生了什么，还有天主教徒之后在那里进行的屠杀。

B：其实我觉得当爱尔兰的天主教徒对远在英格兰的国王有所抱怨时，他们本不会轻易寄希望于实施一场叛乱来解决的。会有人蠢到不知道不少爱尔兰天主教徒早已改宗吗？就像英格兰的长老派一样。又或者，总的说来，爱尔兰憎恨自己的附庸地位，再也无法对此保持隐忍，竟至于不顾英格兰兵锋的惩戒？但这个时机对他们来说确实千载难逢：国王和议会的分裂削弱了我们的实力，苏格兰和英格兰的长老派信徒又成了他们的好榜样？然而在国王不在的情况下，议会此时又做了什么呢？

A：他们什么都没做，倒是在认真考虑是不是可以利用这些天主教徒达到自己的目的。一方面，把情况告诉埋伏在国王身边的奸佞顾问；另一方面，在这种情况下顺理成章地向国王索取军政大权。而毫无疑问，谁拥有了军政大权，谁就掌握了整个主权。

B：国王回都是什么时候？

A：11 月 25 日。国王归来时受到民众的热烈欢迎，历代先王似乎都不曾受过如此爱戴。然而毫无意外，议会并没有为国王接风。国王只要对他们说任何事情，他们就准备找国王的茬。12 月 2 日，国王召集两院，只希望和他们讨论如何组织对爱尔兰的援助。

B：这事也能被他们用来找茬？

Ⓐ：当然不会那么直接，但为了达到这个目的，他们假装说他们正要讨论一个法案：主张征兵用兵之权应归于两院，这无异于欲夺去国王对民兵组织的控制，也就相当于夺走了整个主权权力。若让国王继续保有征募并指挥士兵的大权，他便仍有可能随心所欲地主张其他的主权权力。国王听说之后，于 12 月 14 日再度召集两院，重新说明了爱尔兰方面的有关状况（现在确有这方面的需要，爱尔兰人此刻正在屠戮此地的英格兰人，并壮大自己的实力以对抗从英格兰开来的军队），同时也告诉他们，他已注意到了正在讨论中的有关军权的议案，但他认为议案应该附加一条"保证国王与两院之其他权利不受损害（salvo jure）"，因为现下实在不是讨论该议案的好时机。

B：国王此提议有何不妥吗？

Ⓐ：并无不妥，合理与否是一回事，他们所叫嚣争吵的又是另一回事了。他们争的是这个：在议案尚在上院进行辩论时，陛下便注意到了此事，然而依照流程，议案最终要到两院合会时才会呈送御前。然而毕竟是传到耳朵里了，陛下自然会对这个所谓的议案表示不满。他们竟声称此举是侵犯议会的特权，接着请求国王交出那些诱导他的奸佞顾问，让他们受到应有的惩罚，以此抚慰议会。

B：真是丧心病狂。英格兰的国王想坐在上院难道还要别人许可吗？这个议案不就是被放在上院讨论的吗？这可真是莫名其妙：一个人，依照章程，由众人陪同在身旁，却不准他听众人所说，观众人所做，也不准去过多注意这一拨人。就算国王不亲自加入讨论，任何一位贵族也可以依法让国王知晓其事。若有任何一位下院议员从他的同僚那里听来此事，而非在某次提案或辩论中正式得知，他也不会听完便了，他当然也会讲给下院听。他们只是为了迫使国王把自己的朋友和顾问出卖给他们，为了把这些人抹杀、放逐或监禁——这一切都只是出于这些人对国王的好心。国王竟受到如此无礼之对待，除了诸如谋逆和谋杀等少数行为，没有任何一位国王曾以死刑、放逐或是监禁施以一位臣民。

Ⓐ：议会随即与包括朝臣在内的众多国王近臣爆发了冲突。到12 月 15 日，他们向国王递交了一份"王国现状抗议书"，另附上请愿一份。二者都被公开出版。在抗议书里，他们抱怨现下朝中有奸党乱政，皆因议会彼时尚未开幕，遂得以壮大；接着又说起议会如何英明，以妙计智斗奸邪；还说期间遇到如何如何阻碍；最后说有良策以重现王权与民族昔日之荣光、伟大与安定。

至于这些被他们形容为扰乱朝纲的始作俑者，是这些：1. 耶稣会的天主教徒，2. 主教们，以及那些想借着仪式为自己篡夺教会大权并建立独裁统治的神职人员，3. 顾问和朝臣们，他们出于私心，和外国王公多有串通。

Ⓑ：他们所言可能不虚，有一些主教，当然还有一些朝臣，可能确实追求私利，行事轻率，更有甚者心怀鬼胎。因此我特别请求您告诉我，他们所犯何罪，在我看来，国王确实不应该姑息任何藐视其至高权威之人。

Ⓐ：议会并不是真心觉得那些藐视王权的人有多可恨，[①] 只不过

---

① "对抗那些人就是对抗国王"——霍布斯从手稿中删去了这一句。

那些人曾遵照国王的指示办事。指控主教、顾问或是朝臣，其实也就是拐着弯子指控国王本人，在国民中败坏国王的声誉。其实议会对他们的那些指控都不能严格称为指控，只是谩骂而已。首先，（议会说）这些奸臣装出一副极其热衷于为陛下服务的样子，挑起了国王与其人民之间的特权与自由之争，借机使自己得以窃据王国之内的重权高位。

B：既没有控告者响应其事，也没有证人证明其言属实，这怎么能称得上是控告？既然在有关特权的问题上他们更倾向于拥护王权而非民党，谁又能证明他们的目的是使自己及其党羽窃据国民的信任和国家的大权呢？

A：所以才有了第二份控告：他们试图废止宗教权力并染指宗教之纯洁。

B：这就是胡说了，废立宗教权威远非人力能及。

A：议会说这些奸臣意欲废止长老派信条——也就是要动摇议会那些大逆不道之主张的根基。

第三份控告，他们同情阿米尼乌斯派、天主教徒以及思想自由论者（指那些不参与争论的普通新教徒），他们想要根据自己的信条和决议，成立一个自己的组织。

第四份控告，他们想方设法为国王从其他渠道募集资金，而不是通过正常的议会。

试想这桩桩件件里哪一条能被恰当地称作"控告"，倒不如说是对国王政府的恶意责备。

B：我看这最后一条可真是冤枉至极。倘若议会愿意为了王国安危与陛下荣光而伸出援手，陛下又有何必要从他处筹措资金？

Ⓐ：然而之前我告诉过你，他们连一个子儿都不想给国王，而只想让他砍掉那些他们看不顺眼的人的脑袋，无论这些人曾多么忠诚地仕于国王。若有朝一日他们的野心真的迫使国王牺牲了他所有的朋友，他们还会找其他的理由否决国王要求的补助，因为他们志在从国王手里夺取主权，为此他们需要时时注意，不要让国王手里有一分钱。还有，他们在抗议书中写道，从国王继位开始，便对这些人言听计从，犯下种种错误，无论是对是错，所有的事情都按照他们的喜好来，而议会无法判断这些人引诱国王所做的那些事情背后究竟有何动机，只有国王自己和他的部分私人顾问知道内情。

Ⓑ：那国王究竟被诱导犯了什么错误？

Ⓐ：1. 解散了他在牛津的首届议会。2. 在他统治的第二年解散了第二届议会。3. 在他统治的第四年再度解散了议会。4. 劳师远征加莱而无果。5. 与西班牙和谈，置帕拉丁选帝侯的事业于不顾，签订了无法挽回的赔款条约。6. 通过贷款方式筹集资金。7. 征收船税。8. 违反"大宪章"，扩圈皇室林地。9. 计划垄断国内所有火药，集中于伦敦塔内。10. 计划引入铜制货币。11. 通过星室法庭进行罚款、监禁、侮辱行为；致残、鞭打他人；以枷锁、塞口之刑对待他人；限制人身自由并放逐他人。12. 随意撤换法官。13. 纵容枢密院枉法。14. 纵容纹章法院专制及非法之权力。15. 大法官法院、财税法院与监护法院中之滥权行为。16. 售卖爵位、法官职位、军官职位及其他各种官职。17. 以停职、除籍、免职和降职等诸多令人不快之行为，无礼对待包括主教及其他神职人员在内的诸位博学敬神之牧师。

Ⓑ：可曾有哪一位这样的牧师被降职、免职或是被革除教籍吗？

A：我讲不出。但我知道被不学无术和欺世盗名的牧师所威胁而产生的种种痛苦。

接着还有：18. 纵容高等宗教事务法庭之越权行为。19. 鼓吹国王有权对臣民财产进行侵犯，国王有权凌驾于法律之上。还有其他很多对当局的琐碎攻击。他们知道光有自己的派系不足成事，便通过各种出版物告诉人民，他们会在人民的审判中对国王进行清算。

在 1640 年的 5 月 5 日议会被解散之后，他们又找到了攻击国王的借口：解散议会后，国王监禁了一些两院成员，同时试图在伦敦推行强制贷款；教士大会在议会解散后继续召开，国王随后显示出对于包括温德班克等人在内的天主教徒的青睐。

B：凡上述条条款款，听起来何尝不是恶政，何尝不是国王之过，虽然其中有些实属误会。然而误会也好，恶政也罢（如果确实有的话），皆属议会之过错。他们既不想给他钱，又阻挠他从海外获得援助，逼得他只好用些非常手段在国内筹款（然而他们又说这非法）。

A：你已经知道他们是如何向人民展示一个"不良的政府"，又如何由他们来检举其中的"邪恶"。接下来他们开始细数自己如何为陛下分忧，如何逐一匡正流弊，消灭"邪恶"。又说，尽管他们已经因为苏格兰的事情付出了 22 万磅，他们还是通过了六项补助金给国王，还有一笔数目至少高于六项补助金的调查金，上帝已经祝福了议会所做的努力，王国也因其所作所为而受益。接着他们开始列出一长串他们为国王和国家做的好事。他们声称：船税每年榨取王国 20 万磅，现在由他们取消了；衣税和行军税等军征也被取消了，据说其总数也不会少于船税；他们还取缔了所有的专卖权，估计能为国民每年省下约 100 万磅；他们也平息了现存的种种不满，那些奸臣恶党里，斯特拉福德伯爵被处死，大臣芬奇和首席秘书温德班克被放逐，坎特伯雷大主教和巴特里特法官被监禁；他们还用法案规定了三年一届的议会，还让当届议会可以随着他们的性子一直存在下去。

B：那也就是说，如果他们愿意，可以永远开下去。但细数这些他们为王国所做的事情：他们只是让国家陷入了无序，失去了力量，得不到资金，没有了法律，也没有了可以依靠的顾问。

A：他们还计划取缔高等宗教事务法庭，废除枢密院和主教法庭的权力；取消不必要的宗教仪式；再把不是自己一党的大臣全都排挤掉，换上自己的人。

B：这些都只是他们自己的事业，而不是国家的。

A：他们实际上为国王做的第一件（他们声称的）好事就是：先给了国王每月 25000 里弗尔用以缓和北方局势。

B：为何北部各郡需要优先考虑？北方有何需要？

A：当然有，北部各郡现下驻扎着苏格兰的军队，他们都是议会招来对抗国王的，现在要把他们解散。

B：是要解散，可既然议会招来的，也理应由议会处理。

A：可他们说不，他们把这笔钱给了国王，让国王去谈，因为国王有义务保护自己的臣民。

B：在那种情况下，就算是给了钱，国王也没有那种义务。这简直厚颜无耻到了极点——招来一支军队对抗自己的国王，欺压自己的同胞，然后要求国王来给他们擦屁股，也就是说，让国王发钱打发这样一支为了对抗自己而被召集起来的军队。

Ⓐ：不仅如此，他们总共给了国王 30 万里弗尔，让国王给苏格兰人，却没能得到他们保证不入侵英格兰的承诺。还有许多其他的事情，我记不太清了。

Ⓑ：我觉得这种无耻和邪恶简直亘古未有。

Ⓐ：那是你还年轻，涉世不深。以上那些就是抗议书的内容，我已经完整告诉你了。还有那份请愿书，里面有三点：1. 请求陛下剥夺主教们在议会的投票权，消除宗教压迫、教会统治及其各项纲领；2. 陛下在公共事务中招用之顾问，有造成人民之冤屈者，应当予以开除，换用议会能信赖之人；3. 不应趁爱尔兰叛乱而将任何土地抄没充入国王名下。

Ⓑ：这最后一条，我认为，在这个节骨眼上提出来并不明智。至少也应该在平定了叛乱之后再考虑此事，更何况现在连军队都没派过去呢。猎物都还没到手，倒先想着皮子能卖几个钱了。那另外两条得到了何种答复呢？

Ⓐ：除了拒绝之外，还能有其他的答复吗？同时国王点名批评了议会里的六个人，五个在下院，一个在上院，指控他们犯有叛国罪。接着在 1 月 4 日，国王亲自到下院拿人。但国王身边的小人早已通风报信，五个人躲了起来；国王没能如愿逮住他们。国王离开之后，他们又做了一个大逆不道的决定：逾越自己的权限，擅自将议会迁至伦敦市内，好像议会是一个什么普通的委员会，同时他们声称他们在威斯敏斯特不安全，因为国王来下院拿人的时候，比平时多带了不少随从（但这些随从没有其他的武装）。尽管国王之后放弃了起诉这五人，但这事情怕是还没完，除非国王能告诉他们到底是谁给国王出的馊主

意，让他以那种方式对待议会，而那些出主意的人都该受到"应有的惩罚"——他们用这个词来掩盖自己的龌龊。

B：这个要求实在苛刻。要国王对他的敌人保持忍耐不说，居然还要强迫他出卖自己的朋友？主权权力还没完全被他们弄到手呢，他们就敢这么对待国王，要是他们真的夺得了主权，还指不定怎么对待自己的同胞呢。

A：确实如你所说。

B：那个所谓的委员会在伦敦待了多久？

A：至多也就两三天，然后便走水路一路凯旋从伦敦回到了国会大厦，身边簇拥着武装暴民，在国王的眼皮子底下招摇过市，其所做所为其实已与叛乱无异，且又有暴民拥护，何愁不能震慑上院中与其党派有二志者。现下暴民如此猖狂，鲜有主教敢再踏入议会，唯恐暴力加诸己身。但还有 12 名主教亲至议会申辩，借以向国王请愿，抗议他们无法安全地履行职责，并宣布在诸位主教缺席期间，上院通过的任何决议均属无效。下院因此遣一名议员至上院，指控 12 人犯下叛逆罪行。12 名主教中有 10 人随后被关进伦敦塔。虽然之后并没有找到主教们叛国的证据，但议会还是通过了一项法案：剥夺这些主教在议会的投票权。同时他们设法让国王同意了这项法案。接着，在 9 月初，他们投票通过决议：所有主教们从此往后不得插手教会管理。国王这次没有屈从于他们的摆布，战争于是开始了。

B：议会为何如此反对主教制度？尤其是在有主教出席的上院？我不懂他们有何理由去巴结讨好那一大票的长老派教区牧师，这些牧师从没想过支持贵族，相反地，他们不遗余力地想摧毁贵族的权力，

查理一世进入下院

1642 年 1 月 4 日，查理一世带领大批武装卫士前往威斯敏斯特捉拿约翰·皮姆、约翰·塞尔登、登齐尔·霍尔、威廉·斯特罗德、亚瑟·哈泽里格五名下院议员，理由是这些议员有外通苏格兰的叛国嫌疑。五人事先得到消息逃脱。比起后来的克伦威尔，查理一世还是保持了一定的克制：他只带了一名随从免冠进入议会大厅，但其余的随从仍然在厅外候命。查理寻人不得，质问议长威廉·伦索尔，伦索尔下跪请求国王宽恕，但没有透露五人所在，查理只好作罢。霍布斯对查理一世率领大批武装卫士一事轻描淡写，认为国王不过比平时多了几个随从而已，但很显然他有意忽视了当时伦敦城内弥漫的紧张气氛足以放大任何原本微小的事态这一事实。查理一世是有史以来第一位进入下院的英格兰国王，而且还是卫兵簇拥，这种大张旗鼓且十分欠考虑的搜捕行为严重侵犯了议会的传统特权，查理不但没有抓到五议员，还加剧了伦敦市的恐慌——第二天他就发现自己正在逐渐丧失对于整个伦敦的控制，不得不逃出该城，英国内战由此爆发。至于那五位议员：皮姆在内战爆发之后竭力促成了国会与苏格兰长老会之间的同盟，并于 1643 年去世；塞尔登也于同年死于战争中；霍尔后来因不认同克伦威尔统治而转投王党；斯特罗德于 1645 年卒于议员任上，复辟后被开棺戮尸；哈泽里格后来成为共和国的重要将领，并成功协助残缺议会打击兰伯特，迎接蒙克南下，但复辟之后被投入伦敦塔，于一年内去世。威廉·伦索尔在内战与共和政体期间一直在议会中任职，克伦威尔死后，他成为重组后的残缺议会的核心人物，并推动了复辟。复辟之后，伦索尔的余生都在自责与愧疚中度过，他认为自己对于国家陷入混乱有着不可推卸的责任。

让他们臣服于自己的宗教会议和阶级。

Ⓐ：极少有贵族能洞察长老派的意图，况且，（我认为）他们此时也不敢和下院对着干。

Ⓑ：但下院究竟为何热衷反对主教？

Ⓐ：因为他们想要让保王党乃至国王本人见恶于人民，然后通过误导人民建立民主制度，废除国王，或者让国王成为只能听从他们摆布的傀儡——为此就需要灌输他们自己的信条，建立起虚伪的神圣性。但那样做的话，不仅整个议会，从某种意义上说，英格兰的人民都会成为他们的敌人，因为他们的行为（他们自己承认）太过专横（imperious）。［他们当中的大部分人确实太看得起自己了，好像国王的恩宠和委任状都不足以使他们伟大（greatness），也不是他们权威的来源，而是他们自身的价值理所当然地带来了这一切，然而他们倒是依旧不忘互相吹捧对方所谓的学识，并始终对保卫自己的权力地位和官职保持着十二分的警惕；若有人同他们的志气和理念不合，他们便会感觉受到了莫大的冒犯；（结果是）……他们对自己的地位太过在意。］所以他们提出了那些似是而非的指控。而长老派的嫉妒则是致使他们决定反对主教们的最重要因素，于是他们想到鼓动人民起来反对众位主教，甚至是主教制度本身。

Ⓑ：那长老派打算怎么接管教会？

Ⓐ：靠建立全国以及地方性的宗教会议。

Ⓑ：全国性的宗教会议不就相当于一个大主教吗？地方性的宗教会议不就相当于许多主教吗？

Ⓐ：确实如此。但由于那样每一位牧师都能在教会治理中说上话，

他们也因此有机会得以报复那些平日里对他们的学识不屑一顾或拒绝帮助他们充实钱袋子的人，同时心安理得地享受那些顺从者的服务。

B：情况严峻啊，国家被两个党派 ① 所困扰，却没有一派真心为国家着想，此远非君子所为。他们心心念念的，居然只是关于"谁最有学问"的争吵，好像他们的学问理应成为统治世界的法则。他们究竟从哪获得这些所谓的"学问"的？是政治学和国家律法？哦，我知道了，这是神学。可我在里头几乎没听到任何有关哲学的东西。宗教本身是不存在任何争议的。它是王国之内毋庸置疑的法律。我不信他们能和上帝对话，也不信除了阅读《圣经》之外，他们还有其他的途径了解上帝的意图。可问题是我们所有人都读过《圣经》。

A：没错，他们当中的有些人确实以"获得超凡启示的先知"自居。其余的人则声称自己在理解《圣经》方面有着比常人更加优秀的"技巧"（这种技巧理应使他们获得更高的神职，并掌握自己的灵魂），因为他们在大学受过教育，懂拉丁文，甚至是希腊文和希伯来文——《圣经》最开始就是从此翻译过来的。当然，还有他们的自然哲学知识，这在大学里是公共课。

B：懂拉丁文、希腊文和希伯来文确实是有益的，甚至是必要的（这样可以及时察觉到罗马是否耍了什么把戏，并清除罗马在国内的权威）——但那都是过去的事了，现在我们有英文《圣经》，用英文布道，我不觉得希腊文、拉丁文和希伯来文还是必要的技能。在下不才，自认为还算精通法、荷、西诸邻国之语言。然而无论世上哪国，一直

---

① 指反对主教制的下院和长老派。——译者注

到教皇权力建立之前，都从未有过靠哲学治国的。

A：但混合着神学的哲学却让精通其道者平步青云，位极人臣，真可谓一人之下，万人之上——此事在众多古代王国中可是确实有的，而且早已屡见不鲜。

B：我请求您举出一些著作者或具体地点来。

A：首先，那些古代布列塔尼和法国的德鲁伊教团如何？你能在恺撒、斯特拉波或其他人的著作中窥见其身影，尤其在西西里的狄奥多罗斯的著作中——他大概是有史以来最伟大的古代研究者了；他这样介绍法国的德鲁伊（他称之为 Sarovides）："他们当中有一些天生的哲人（philosopher）和神学家（theologian），殊荣加身，而同时他们也是预言者。这些人会占卜，可以通过观察祭祀野兽的肠子来预知即将发生的事情，并让群众服从于他们。"接着再往后他写道，"他们的规矩是哲人不在则牲祭不行，因为（他们说的）常人敬神所为不能达于天听，唯有他们知晓天意，听懂诸神之语。吉祥之事皆应由哲人祈请于天。"

B：我不信这帮德鲁伊有什么特别的能耐，不管是自然哲学也好，还是人伦道德也好。

A：我也不信。因为他们宣扬灵魂转世——和毕达哥拉斯持一样的观点，我不清楚他们和毕达哥拉斯之间是谁学习了谁。

那么，波斯的玛吉（Magi）如何？他们是哲人和占星师（astrologer）。你能在波斯或者其他一些比犹太更偏东的国家里看到玛吉，他们认为靠着一颗星星就能找到救世主。这些人在自己的国家里不也是有着极大的权威吗？谁会怀疑，这种人若是在基督教国家里不会成为国王呢？

　　许多人认为埃及是世界上最古老的王国，甚至是万国之母。他们的祭司在公共事务中有着至高无上的权力，这是史上任何国家中的任何大臣都不曾有过的。他们不也是哲人和神学家吗？看看西西里的狄奥多罗斯又对此说了什么吧："整个国家①被分成了三个部分，祭司占有的那一部分在人民当中最负盛誉，一是因为他们对众神的忠诚，二是因为他们受过教育"；接着，"在一切重大事务中，这些人通常都是国王的顾问，有时是代为执行，有时是提供情报和建议；还有预知即将发生的事情（通过他们的占星学知识和对牺牲观察结果的解读），他们拥有的圣书上如有关于此类事情的记载，他们便会将之读给国王听，他了解之后总归是有收获的。这里不像希腊那样只有一个男人或女人担任神职，而是有许多人一起事神敬神，并将这份工作世袭下去，最终发展为国王之下最大的权力和权威。"

　　他还提到了埃及的法官："从众多名家的著述来看，黑利欧波利斯（Hieropolis）、底比斯（Thebes）和孟菲斯（Memphis）选择法官们组成地方议会，大概相当于雅典的战神山议事会，或是拉栖第梦（Leacedemon）的元老院。他们满三十人方能成会，然后举其中一人为大法官，再由大法官原本所在的城市中另遣一员以补其空缺。大法官以金链悬于颈上，上挂宝石，名曰真实之眼。大法官一旦戴上此物，则示论辩开始，若众位法官一致同意采信某句证词，则大法官将真实之眼交至其人手中。"现在你已了解，何以哲学与神学之结合，便能

---

① 指埃及。——译者注

获得左右公共事务之大权。①

现在我们再来看看犹太人的共和国。神职被一个家族（利未人）垄断与埃及那种神职被一群人垄断的情况不是一样的吗？大祭司难道不是靠着乌陵和土明②的胸甲才行判决的吗？再看看亚述王国，哲人曾被呼为迦勒底人。他们的家族不也是有着自己的土地和城市吗？即使到了亚伯拉罕的时代，他们仍居住于（就是你现在知道的）迦勒底的乌尔。那位作者（狄奥多罗斯）又说道："迦勒底人是一派政治势力，就像埃及的祭司。因其命中注定要侍奉神明，故穷其一生追求学问智慧。其在占星学方面享有极其巨大之声望，并声称自己拥有预言能力，可以通过净化与牲祭预言将来之事，又能念动特定的咒语趋利避害。他们也会占卜，像解读梦境或神迹，或用献祭畜兽的内脏来预知未来，诸如此类。其在学问方面不似希腊人那般，迦勒底人的哲学源自其家族内部的传统，且通常父子因袭。"

说完亚述我们再来看看印度，看看哲学家在此处享有何等尊重。"所有的印度人"（狄奥多罗斯说）"被分成七个部分，居首的是哲人，其数量最少，而位分最尊，他们不用交税，既不统治他人，也不受制于人。因其被认为身有众神眷顾，且精于阴间法度，故私人请之以为祭典、丧葬之事。仅此一项，便能名利双收，不可小觑。哲人于印度百姓中亦有非同寻常之地位，一年之初，必请哲人于大集会之中，预

---

① 这里原本有一组问答，后被霍布斯亲自从手稿中删除了："B：到了【犹太人】摩西的时代，埃及仍是如此治理、执法的吗？ A：【是的】我不清楚。"
② 希伯来《圣经》中的 Thummim 和 Urim 与大祭司的胸甲与占卜，尤其是掷骰子占卜有关，多数学者推测这个短语系指某项特定的物体。——译者注

言来年旱否？涝否？风顺否？疫病否？百姓方能提前做准备。"

　　还是那位作者（狄奥多罗斯），谈到埃塞俄比亚的法律时说道："埃塞俄比亚的法律不同于他国，尤其是在选举其国王方面。教士提名他们之中的某些要人，列为名目，若神（根据传统习俗，神降临于宴饮之间）中意其中某人，则此人当即被选为国王，受众人崇拜敬仰，视之如神明本尊，这可以说是天意左右政府了。那被选上的国王，生活方式受到法律的限制，行事则更受国家习俗约束，除非有国中众人约法在先，国王不得奖惩任何人。国王不得处死任何人，即使其人罪行昭然，也只可遣人至彼处，授其一枚死亡代币而已。其人见代币，即刻赴王宫，自杀谢罪。"后面接着说道："但最为奇怪的事，还是关于处死国王的。教士们居于麦罗埃 ①，终其一生事神敬神，享有极大之权威。若他们哪日起了意，给国王送个消息，吩咐他赴死，因为神已经下了命令，那么凡夫俗子是无论如何不能忤逆天意的。换个说法，那时人人心思单纯，身受古风旧习熏陶，也就不会想到驳斥这种无意义的命令，反而欣然从之。因此早先诸王谨遵教士之命，并不因为身受强权武力控制，而是理性被迷信所压抑。及至托勒密二世的时代，埃塞俄比亚国王阿戈曼尼斯 ②受教于希腊哲学，因此敢于轻视教士的

----

① 古代城市，地处尼罗河东岸，位于苏丹尚迪镇（Shendi）附近的卡布西亚火车站东北 6 千米处，喀土穆东北大约 200 千米处，其址附近现为一座被称为巴格拉威亚（bagrawiyah）的村庄。此城在数世纪的时间内曾作为库什王国的首都。——译者注
② Ergamenes，公元前 3 世纪晚期至前 2 世纪早期的库什国王，名见于埃及菲莱与达卡两地的碑文上，西西里的狄奥多罗斯以麦罗埃语记录下他的名字，并确认他就是麦罗埃或上埃塞俄比亚的国王，但阿戈曼尼斯的形象很有可能是由多位国王的事迹糅合而成。——译者注

权力,唯我独尊。他领兵闯入埃塞俄比亚金庙坐在地的圣所（Abaton），杀了所有教士，取消了旧习，并以自己的意志整顿境内。"

B：尽管被杀者都是些可耻的骗子，但这手段还是够残忍的。

Ⓐ：是很残忍。但若非教士们残忍在先，彼时还奉他们若神明的国王，此时又怎会欲除之而后快？国王杀他们，是为了自己的安全，而他们杀国王，则是出于野心，或是对于变革的欢喜。国王的行为应该是受到了人民福祉的影响。教士们再也不能假借神意对付国王，国王虽素来虔心敬神，往后却再也不用听从教士们的摆布，仅为区区一封信，便送了自己性命。我们的上一位国王，就是你所知被谋杀的那一位，他也许是史上最好的国王，却也是头一个被战争迫害致死的国王，而那场战争则起源于长老派牧师的煽风点火，他们才是造成英格兰、苏格兰与爱尔兰近 10 万人死于战乱的罪魁祸首。这些唯恐天下不乱的牧师可能还不到 1000 人，如果能在他们开口之前就把他们都除掉，后来的事情还至于如此糟糕吗？（我承认）这样做是一场骇人的屠杀，但杀掉 10 万人比这更骇人。

B：我很欣慰主教们不在您说的这种人的行列。他们并没有一些人说得那样有野心，反倒是那些野心之人的敌人。[虽然他们声称拥有天赋权利（而不是出于国王的赋予）以掌管教会，然而却在人数上太少，且并不亲近人民，这样除了和国王一条心之外他们还有其他的选择吗？]

Ⓐ：我引用这些论述不是为了批判异教徒的神学或哲学，而是为了表明这两门学问能在人民中掀起怎样的波澜。他们的神学只不过是偶像崇拜，而他们的哲学（除了埃及祭司及其后继之迦勒底人掌握

的知识——这些知识得自长期的观察，并在天文、几何与算数领域经过刻苦钻研）则非常的浅薄，其主要用途在于占星和预言。而在这个国家（英国），教士的神学才算得上是真正的信仰，它不再与亚里士多德或其他希腊人的荒诞哲学混合在一起（起先是罗马教会引入了这种混合，还作了删减），那种事和信仰没有半分关系，只能滋生不满、纷争，甚至是暴动和内战（正如我们在最近所经历的长老派和主教派的争斗）。可要说到党争，两派中无论谁得了势，都要打压对方的信条，乃至殃及任何看起来不合其口味的学说，最终便成了反对一切真知（true philosophy），尤其是法律和道德方面的，反对一切妨碍野心实现或劝他们服从主权权力的学说。[他们在学问方面的声誉，并不是得自于他们拥有的知识本身，而是得自于人民对此领域的无知，而人民一向仰慕未知的东西。后来曾有人成立了一个绅士社团，据说旨在促进自然哲学和数学。我尚不知道他们能有何作为，但有一件事我是确定的，他们没有出版该类学科书籍的许可权，言路把持于那些神学家手中，那些神学家对物理学一知半解，对数学更是一窍不通。]前有国王以叛国罪指控上院的金博尔顿大人，以及下院的霍利斯、海瑟林格、汉普登、皮姆与斯特劳德这五人，后有议会投票清洗上院诸主教。接着他们便在请愿书中向自己的主子大放厥词：其中一条便是，要国王揭发究竟是何人怂恿他进到议会大厦里抓人，还要国王把这些人交给议会，让其受到应有的惩罚。他们的所作所为，实是要陷国王于不义的境地，逼他背叛自己的朋友，把他们丢给议会。还有另一条，要国王答应从伦敦调一支守卫给他们，还要由埃塞克斯伯爵指挥。这分明就是在责备国王那日为了抓五个暴乱分子而摆出了比平时更大的阵仗。

B：我看不出又何必要调卫队过来，而且还特别指明是从伦敦，还要在埃塞克斯伯爵的指挥下，除非他们是要清楚告诉国王，这支卫队本就是为了防着他本人的。

Ⓐ：他们就是想让国王这么想，（我十分确定）他们的目的只是想让国王觉得受辱，而国王也确实是这么认为的，因此拒绝了这项请求，想来若是派守卫过去便真的能让他们就此满意，国王又何尝不愿派人过去履责——虽然他只对全能的上帝负有责任。这里先不说，伦敦市也请愿（毫无疑问，一些下院议员在其中推波助澜）求国王把伦敦塔交给值得信任的人掌管，言下之意就是人选要由议会来定，接着还请求为了陛下与议会的安全，确实应当设立一支守卫队。纠集一大帮吵闹的乌合之众，毫无秩序地嚷嚷着要请愿——这是下院惯用的手段，他们完全不觉得这种玩火行为有多可怕，而下院的野心也丝毫不会因为祈祷与请求而终止。

国王不再坚持起诉那五个人，但还是不愿透露是谁建议国王亲临下院，于是他们转而质问检察长，正是他当众出示了国王下达的逮捕令，于是他就被投票认定为议会特权的破坏者。要不是检察长自己当时跑得快，他们是断不会放过他的。

1月末的时候，两院联合下令，天主教信仰的军官不得前往爱尔兰。他们最怕的倒不是这些军官和爱尔兰的天主教徒串通，而是担心国王若能借此机会选派自己的人手前去，则有可能让军队从爱尔兰抽身回来对议会不利。但这还不是最重要的，尽管在挑战国王权威时，他们未能假借主权之名，但在他们呈送请愿书予陛下的背后——那是

1641 年 1 月 27 日或 28 日——无不能看出他们对英格兰绝对主权的渴望。故而为了能消除国内的恐惧与危险，也为了阻止和平之敌的阴谋诡计，他们又请愿：希望国王将伦敦塔、境内其他要塞以及所有民团，交由两院所推荐认可的人进行管理。他们说这是必要之举。

B：当时真的有什么普遍的恐惧和危险吗？或是哪里出现了请愿书中提到的阴谋分子？

A：有啊。议会自己就是阴谋分子，任何谨慎诚实之人都会对其所为感到恐惧和危险，议会可能才是境内和平的最大敌人。耐人寻味的是，这份请愿书是这样开头的，"致高贵的主权者"。他们已经蠢到不明白主权者之所以称为主权者，恰是因为他手握军队，执掌境内。国王现在去了温莎，好躲开聚集于白厅门前的骚动人群，那里只能感受到喧闹和冒犯。2 月 9 日之后，他到了汉普顿宫，然后又和王后及他们的女儿奥兰治亲王妃同去了多佛。王后与亲王妃从多佛登舟去往荷兰，而国王返回了格林威治，与早已到达此处的威尔士亲王及约克公爵汇合，一同去了约克。

B：下院关于民团的那条请愿，贵族是否参与其事？

A：从署名上看确实有，但我相信他们不敢真这么干。下院充其量用他们来凑人头壮声势，只在署名的时候用得着，并不觉得他们有什么实权。不过倒也有可能大部分上院贵族真觉得：解除了国王的军权之后能相应地增加自己的权力。可惜他们大错特错，因为下院从没想过要和他们共掌大权。

B：国王如何答复请愿书？

A："渴望权力者众，当朕欲授予何人某郡兵马大权时，此权力限度何在，朕已了然于胸。权力应受节制，而朕无论如何不会忽视议会而专行独断。为使诸君远离危险与猜忌，对于郡地方内所有要塞及民兵之指挥官，若两院认为有合适人选，朕将欣然从之。故两院应于布公之前向朕推荐其所批准或中意之人选，除非任命之人有失公允且辜负众望。"

B：说到民兵，议会所要求（require）的①是怎样一种权力？在什么时候？要给谁？

A：就是国王授予（placed）②地方长官及副官的那种权力，且并没有时间上的限制。

B：什么样的人应当拥有这种权力？③

A：他们为此在自己的出版物上汇了个总。包括了很多人，且绝大多数是贵族。其实也没有必要真的任命这些人，因为（在我看来）这种任命对君子来说无异于莫大的侮辱和嘲讽。他们把这份目录随同一份有关军权的新请愿书一同呈送给国王，随后又给陛下捎了个信，希望他离开汉普顿宫。但国王也没有同意。

B：不过这个做法倒是很聪明，④在国王摆脱他们之前，（如果他们能做到的话）把他拿来作质。

A：与此同时，为了筹钱给爱尔兰救急，议会以探险远征许诺资

---

① "滕尼斯将此问改为议会所授予的（grant）。"

② 滕尼斯在这里将"授予"（placed）改为了"托付"（planted）。

③ 滕尼斯将此句改为"什么样的人拥有过这种权力"。

④ 滕尼斯将此句改为"不过他们倒是想得美"。

助者以丰厚的回报。在此提议之下，1. 总共有 250 万英亩的爱尔兰土地以该方式授予了探险者们：

出 200 里佛尔的，可在阿尔斯特得 1000 英亩。

出 300 里佛尔的，可在康诺特得 1000 英亩。

出 450 里佛尔的，可在芒斯特得 1000 英亩。

出 600 里佛尔的，可在伦斯特得 1000 英亩。

所有土地均以英国单位丈量确定，包括了草场、耕地及可用牧场；沼泽、林场以及荒山也算在其内。2. 每英亩土地要给国王交一到三便士的税。3. 议会将派遣委员会，以管理庄园建立、废物及公共资源的安置、传教士的供养、市政当局的组织以及作物栽培的选择等事务。其他的几条只涉及探险筹集资金的支付方式及支付时间。陛下同意了这几条提案，但还是没有同意关于民兵的那份请愿。

B：他能同意才怪呢。议会之后如何反应？

A：国王当时正赶往约克，他在西奥博德又收到了议会送来的一份请愿。议会现在直白地告诉国王，"除非他欣然同意送来的那些条款，立即下诏满足他们之前的要求，否则，为了陛下及境内安全，他们将以两院之权威强制从他手中剥夺兵权，如此云云"。他们还要求国王下令让王储待在圣詹姆斯宫或其他靠近伦敦的宫殿内。还有，未经两院同意，不得授予任何人以征、调、领兵之权。王国防卫之事，须在两院指导下进行，并由国家法律许可。

B：国王如何答复？

A：无论是兵权的事，还是王储居伦敦的事，他都直白地拒绝了。随后他们立即开始了投票作为回应：首先，陛下的回答是对民团的背弃。其二，煽动国王做此决定者已是公敌。其三，此番之后，事态已迫使他们进行合法之自卫。

Ｂ：他们说的自卫是指什么？

Ａ：就是建立他们自己的武装，再由议会任命其指挥官。其四，他们决定再劝说国王，让王储回到伦敦。最后，以两院名义给陛下发送一份公告，在其中指控陛下图谋颠覆信仰，不过这指控不是直接对着他本人，而是对着那些他身边的顾问。这些顾问同时还被指控为苏格兰战争的挑动者和煽动者，以及爱尔兰叛乱的筹划者。议会再次指责了国王指控金博尔顿阁下及其他五名议员的行为，并以不可告人之目的组织军队，名为抗拒苏格兰，实为攻击议会。陛下于纽马基特镇答复了该决议。两院于是强硬回应：在此生死攸关之时刻，国王一意孤行之下，两院根据王国基本法，发布有关民团之法令，有权责成人民服从之。未经两院同意，任何欲以地方治安长官之名义接管民团者，均被视为王国和平的破坏者。接下来国王在亨廷顿给两院送了一封信，要求人民遵守既有法律，禁止所有国民以议会法令为借口，非法染指民团。针对此信，议会投票重申了之前的法令，并声明议会两院乃是王国之内最高裁决机关，有权解释境内法律，任何质疑或反驳均属对于议会特权的侵犯。

Ｂ：我认为唯有制定法律的人才有权解释法律。何以别人制定的法律，偏要另一个人来解释它是什么？可以说他们从国王手中夺去的便不仅是军权，甚至还有立法大权。

Ａ：他们确实这么干了。但我的解释是：立法权（准确说是任何权力）是被包含在了军权内的。而他们这么干了之后，便截断了国王的财源，吨税与磅税法案也好，补助金法案也好，他们想尽办法给国王使绊。国王到约克之后，他们又陆续送来了许多言辞傲慢的书信与请愿。其中有一份这样说："鉴于海军上将身体抱恙，已无法独立指挥舰队，其本人乐见由沃里克伯爵代行其责，接替其职。"他们明知之前国王已令约翰·彭宁顿先生填补此缺。

B:国王处理了诸多请愿、书信、申诉以及抗议，对他们忍让再三，最后发现自己已经退无可退，回首惊觉他们其实早已决心剥夺其至尊权力，甚至其生命，国王此时难道还有其他选择吗？在给国王本人造成了如此大的伤害之后，哪怕为他们自己的安全计，也绝不能让国王活着，或让他的法令生效。

A:除此之外，议会同时派了一个委员会驻在约克，一是为了刺探国王的动向，方便回报议会，二是为了妨碍国王及其党派获得当地人民支持。故每当陛下招见当地绅士时，委员会便唆使乡勇起而攻之。牧师们也从旁响应，致使国王最终在约克错失良机。

B:国王为何不把这个委员会扣押下来，或者将他们赶出城去？

A:这我不知道，但我认为他清楚知道，在整个约克郡乃至约克市内，议会一党的势力比王党要大得多。到4月末的时候，国王应允了约克郡人民的请愿，将赫尔军火库的物资留给了当地——这样做能保证北方的安全，但显然让物资握于国王之手才是上策。国王不久之前欲任命纽卡斯尔伯爵①为该城②长官，但市民已受议会挑拨，拒绝

___

① 指威廉·卡文迪什。——译者注
② 指赫尔。——译者注

第一代纽卡斯尔公爵威廉·卡文迪什

　　第一代纽卡斯尔公爵威廉·卡文迪什在内战期间一直担任保王党北方军的总指挥，直到马斯顿荒原之战后他被议会军彻底打败。霍布斯在书中没有过多描写他，但现实里两人的关系其实不错，威廉·卡文迪什是第二代德文郡伯爵的堂兄，而后者则是霍布斯的雇主兼好友，内战之前，霍布斯通过威廉·卡文迪什认识了许多英国知识界的精英。威廉·卡文迪什也非常欣赏霍布斯，是霍布斯的保护人之一。内战爆发之后，威廉·卡文迪什在北方的一系列军事行动对保王事业起到了重要作用。在马斯顿荒原灾难性的军事失败之后，威廉·卡文迪什流亡海外，尽心支持复辟事业。复辟之后，威廉·卡文迪什也回到了英国。1665 年晋升为公爵。但在晚年之后逐渐退出了公共生活。

听从，转而接受议会所任命的约翰·霍瑟姆先生。因此，当国王携其随从与少数当地士绅抵达城下时，约翰·霍瑟姆先生登城喊话，拒其入城。国王随即宣布约翰·霍瑟姆先生为叛党，并给议会修书一封，要求将这个霍瑟姆正法，将该城军火库移交至自己手中。议会没有对此做出回应，反而发布了另一份公告，里面种种以往对国王政府的造谣中伤一条没少，还冠冕堂皇地宣告了几项所谓的权利，即：1. 议会所宣布之法律，国王不应质疑；2. 成例并不约束议会所为；3. 议会既承公益，则有权剥夺国王或国民任何既有权力。舍国王不论，议会才是公益的判断者，国王是否同意并不重要；4. 两院成员不应无故被控有叛逆罪、重罪 ① 以及其他犯罪，除非案件被首先提至议会处，由议会判定事实并进行诉讼——如果他们注意到的话；5. 主权在议会，国王不得有异议；6. 拥兵反对国王个人命令并不能视作向国王开战（尽管命令是由国王发布的），而针对他的"政治人"身份而非个人身份，换言之，反抗他的法律等，才能视作向国王开战；7. 叛逆罪不适用国王本人，除非他事前见信于国民，而事后背信，而议会则有权判断其是否已经辜负众望；8. 倘若议会有意，罢黜国王不在话下。

B：这可真是露骨。伦敦市就这样默不作声？

A：是的，倒不如说他们贪心不足。你要知道伦敦纵有难填之欲，却也不辨是非。在亨利四世年间的议会档案里，记录国王加冕时行宣誓礼的相关卷宗中，有这样的记载：寓公正于刑典，化民俗于律法；欲使民有所依，大业永固，唯指民心所向（Concedes justas leges

---

① 指叛逆罪之外的世俗犯罪，有时被解释为带有恶意的犯罪，霍布斯在《一位哲学家和英格兰普通法学家对话》中有大量篇幅讨论。——译者注

et consuetudines esse tenendas; et promittis per te eas esse protegendas, et ad honorem Dei corroborandas, quas vulgus elegerit. ）。议会十分渴望得到立法权，因而将其中"唯指民心所向"说成是"由人民来当家做主"，好像国王宣誓捍卫维持的竟然是都还没有制定出来的法律，都不管这法律到头来是优良或败坏。然而他们真正的意思是：国王应当保护维持他们所中意的法律，说白了，就是现在国会的那些法案。又有财政部的档案记载如下："若论境内人民所循之法，所因之俗，诸君岂又有心保存并维持之？诸君是否皆有意捍卫并鼓励之？等等。"国王征引此句答复议会。

B：我认为这个答复已经十分清楚明了。但倘若原文已被曲解，我不明白国王有何必要遵守之。和罢黜并谋杀其合法国王的长期议会比起来，亨利四世借议会选票得其国，可谓有过之而无不及，只不过当时谋杀理查德二世者，不是议会，而是亨利四世这个篡位者。

A：一个星期之后，也即五月初，议会给国王送来另一份语气更为缓和的请愿兼建议，内容共计 19 款。我估计你听闻之后便能比旁人更准确地判断他们究竟给国王留下的多少权力。第一条是：

1. 国王个人之贵族顾问与其他顾问，以及所有国家高官与牧师，不论其现下是否仍居境内，一概暂去其职，经议会两院再批准者方可留任，余下空缺填补人选亦由议会决定。所有顾问应恪守其职，谨遵议会教诲。

2. 国家大事之讨论、决断与办理，皆自议会出，若有违之，则议会有权谴责。此外遇有御前之枢密院可单独办理之项，亦须先由议会讨论总结，若偶有必要，则仍需两院做最终决断。枢密院可独办之项，若涉及全国事务，其法案仅出自皇家权威者，仍不得视为有效，还需征得大多数顾问之建议与同意，并证明确由诸顾问参与。枢密院不得超过 25 人，不得少于 15 人。议会休会期间，顾问位置一旦空缺，须征得其他多数顾问同意，方可补缺，但倘若下届议会仍认为选择不妥，便有权再否决之前人选。

3. 皇家总管大臣、宫廷长官、大法官，或国玺掌官、皇家财务官、掌玺大臣、纹章院长、海军上将、五港镇守、爱尔兰总督、财政大臣、监护法庭法官、国务大臣、首席法官与首席推事各两名，以上各职皆应由两院批准任命。议会休会期间，则由枢密院批准。

4. 负责照料侍理国王子女之人，应由两院批准履职。议会休会期间，由枢密院批准。随侍国王子女之人，若不能令议会满意，则应搬离。

5. 未经两院同意，任何国王子女不得结婚与订婚。

6. 惩戒耶稣会成员、牧师及天主教顽固分子之法律，应得到严格执行。

7. 剥夺天主教贵族在贵族院的投票权，并通过法案确保天主教家庭的子女受到新教教育。

8. 国王应欣然根据议会建议厉行教会与礼拜仪式之改革。

9. 国王应欣然接受两院之前对于民团军官之任命，并收回此前之谴责性申明与公告。

10. 自本届议会开幕以来被去职者，皆应官复原职或妥善赔偿。

11. 所有枢密院成员与法官皆应起誓（起誓的形式要由议会法案同意并固定），维护"权利请愿书"与本届议会颁布之所有法令。

12. 已经议会同意任命之法官与官员，确有能胜任者，应保留其职。

13. 议会法官有权判断所有渎职者，无论此人身在国内或海外。两院提及之此类人，须现身接受议会质询。

14. 国王陛下大赦之举，议会有权视情况判断例外。

B：真是居心叵测！其他的条款都是出于野心便也罢了，性情随和之人倒也不是不能忍，但这一条纯粹就是出于野蛮与可怖的恶毒心态。

Ⓐ：15. 要塞与城堡守将由议会批准，国王任命。

16. 裁撤国王身边超出规格之守卫,未来不经法律允许,不得扩编,以防潜在之叛乱与入侵。

B：要我说这些送给国王的过分条款可不就是一场实实在在的叛乱嘛。

Ⓐ：17. 国王应欣然与联合省及其他新教邻国与王公结成更紧密之联盟。

18. 国王应该欣然根据国会法案还金博尔顿阁下及五名下院成员以清白，以让未来国会免受恶例之害。

19. 国王应欣然以法令约束议会中贵族之参会举动与投票结果，除非受到两院一致认可。

诚然，这些条款里，他们承诺将把给国王的收入调整到符合其利益为止，以维护并增加皇室之尊严，同时也同意，可以由国王自己任命赫尔镇的长官，只要议会赞成即可。

B：国王须看请愿者们的脸色来任命长官，这和他们自己当长官有什么区别吗？他们当真觉得国王缺乏常识，以至于会察觉不到他们的这些承诺根本一文不值？

Ⓐ：这些条款呈送给国王，国王拒绝批准，之后，双方就开始为战争做准备了。国王在约克郡组织了一支近卫军，议会随即投票宣布国王已决心同自己的议会开战，于是下令召集并训练武装人民，并发布提案请求并鼓励人们贡献现金或铁锭，或是由人们出资供给维持一定数量的马匹、骑手与武器，以保卫国王与议会（正如国王的含义，恰如他们之前宣称的，不是指他本人，而是指他的法律）。议会允诺8%的现金利息，而铁锭收购价格则是每盎司12便士。另一方面，国王到了诺丁汉，于该地升起王旗，诏令各地忠义之士谨遵英格兰之古制，起兵勤王。事已至此，国王与议会之间对于此诏令的合法性问题互相发布了许多公告，我不再赘述。

Ⓑ：我也不想再听到有关这个问题的徒然之辩了。在我看来，维护人民利益之普通法与对抗篡权者之自卫权，便足以赋予国王合法性了，无论他是志在平定自己的王国，还是惩戒叛乱。

Ⓐ：与此同时，议会也颁布法案召集了一支军队，交给埃塞克斯伯爵指挥，这应了他们上次向国王请愿由埃塞克斯伯爵指挥一支卫队的要求。现在国王发布公告，禁止人们服从议会有关国民卫队的命令，议会也发布命令阻止国王敕令生效。迄今为止，这场战争还只是停留在口诛笔伐的程度，相互之间还未见诸真刀真枪。

Ⓑ：我可算是明白了，议会是怎样毁掉了国家的和平的。他们又是何等轻易地让政府陷入混乱，而这一切还要多亏了那些居心叵测的长老派牧师和野心勃勃的无知演说家的帮助。但我认为，恢复国内和平并重建政府对他们来说会是一项更艰巨的任务，无论此事是由他们躬亲为之，还是由其他的统治者或任何形式的政府来办。因为，他们

若想赢得这场战争，一定要依靠那些智勇双全、吉星高照之人，这些人往往被委以兵马大权，尤其是将领，将领若能取得辉煌胜绩，无疑会获得士兵们的极大之爱戴与崇敬。于是将领手中平添大权，既可亲自操控政府，也可委之予合意者。若其宁愿委于他人，则人必视之为至愚，若其亲掌大权，则其属下校官必将心生嫉妒，伺机窥探，事发或在今朝，或在来日。适时其人自有说辞："一将功成岂独一人之力？其中皆有我等效死、陷阵、参谋之功。我等焉能坐而任其奴役？若说他冒犯君上是因占了大义，那我等此时冒犯于他又何尝不是占了大义？"

Ⓐ：他们是干得出来的，而且他们已经干了。这也能解释何以克伦威尔明明已手握英格兰、苏格兰与爱尔兰三境之绝对大权后，却仍只以护国公自称，未敢自封为国王，其子亦然。一是其手下军官自然不甘受制于人，毕竟他们还想在他身后继承其（护国公）地位。二是军队也不会同意，因为当初就是他领着他们推翻独夫政府的。

Ⓑ：还是让我们回头看看国王吧。他要靠什么来犒赏供养军队？或者说，如何征得一支军队，来对抗议会的军队？后者有伦敦市的钱袋子供养，英格兰绝大多数的自治市镇也倾囊相助，而且他们还有取之不尽的武器装备。

Ⓐ：如你所言，国王处于劣势，好在他还是逐渐组织起了一支甚为可靠的军队，国王的处境总算是在变好，其势力也日益壮大，而议会则在削弱。然而后来议会得到了苏格兰的协助，后者派出 21000 人的军队进入英格兰。但天色已晚，没有时间对这场战争详加叙述了。

Ⓑ：好吧，下次会面时我们再来讨论此事吧。

对话 3

B：我们上次说到双方大战在即。我听着倒是真切，心中却不免又生出另一疑问，国王是否真有实力抗衡资源丰富之议会？国王缺乏资金、人力、武备、要塞、舰船、顾问与军官，只空有一腔与议会斗下去的壮志，而议会则手握足够的人力与财力，还有伦敦及其他自治市镇提供支持，远远超过其实际需要。那些参加议会军的人，全都对国王及其党派恨之入骨，认为这些人要么都是天主教徒或谄媚小人，要么就是眼红伦敦和自治市镇的财富，欲掠入私囊。虽然我是不相信他们打起仗来一定会比常人勇猛许多，而且他们也不曾久经沙场，算不得猛士，但他们有一样比英勇与经验合起来还更重要的东西，在战斗的时候更能制胜，那就是恨。

至于武备，他们掌握了主要的军火库、伦敦塔和赫尔河畔金斯顿[①]；另外几个市镇储备的火药与弹丸也随时能供给训练有素者。

还有战略要冲，英格兰境内虽没有太多这样的要地，但绝大多数也掌握在议会手里。

国王的海军也完全被他们控制，归于沃里克公爵麾下。

---

① 即前文所述"赫尔"的全称。——译者注

最后是顾问，国王的谋臣多半只关心自己，所以除了在军中，国王总对他们低声下气。

A：我不知如何比较双方的主要将官。就议会方面来说，埃塞克斯伯爵（在议会投票开战后）担任议会在英格兰与爱尔兰所有力量的总司令，其他所有指挥官听其调遣。

B：他们是出于何种考虑才选定了埃塞克斯伯爵做司令？又是何事导致埃塞克斯伯爵对国王如此不满，竟致接受议会委任？

A：这两个问题我都不甚清楚，但埃塞克斯伯爵早年在海外征战，既不缺乏经验与判断力，也不缺勇气，确实堪当此任。另有一事，想必你早有耳闻，他的父亲是个大人物，因其在加莱与诸多军事行动中所获得的成功而备受赞誉。我多一句嘴，议会大概不会真心信任伯爵——伯爵以前在宫廷里待过，虽说他在那里不太受待见。如此一来，你该能想明白何以议会选择他做总司令了。

B：可是为什么他们觉得他不喜欢宫廷呢？

A：我不知道。我也不知道他本人的真实想法。就像其他许多贵族一样，只有在侍奉国王时，他才到宫廷来。此处也没有任何正式职务（直到此次之前）缠累其身。可我十分确定一件事，他的婚姻充斥不幸，竟使他窘于与女士交流，但这事也不能怪到宫廷头上，除非他有怪癖，只想拿它撒气。但要说到尤其对国王不满，或是对任何莫须有的羞辱存有进行报复的念头，我想他是绝对不会有的，他也不可能被长老派的信条迷住，其他关于教会或国家的奇异学说也是不可能的。唯一可能的是，他被整个国家的潮流（以某种方式）裹挟着前进，认为英格兰从来也不是一个绝对君主国，而是混合君主国，却不明白其

鲁珀特亲王

鲁珀特亲王无疑是英国内战期间最具传奇色彩的将领之一。鲁珀特是帕拉丁选帝侯弗雷德里克五世的幼子，弗雷德里克是英格兰国王詹姆斯一世的女婿，所以鲁珀特是查理一世的侄子。三十年战争爆发伊始，弗雷德里克非常不明智地接受了波西米亚的王位，由此招来了帝国皇帝的报复，选帝侯在白山战役中一败涂地，并因此也失去了自己的选帝侯领，年仅一岁的鲁珀特随着自己的父母流亡荷兰。鲁珀特自幼接受了严格的加尔文主义教育，被认为是一个十分具有天分的学生，但在他13岁时，弗雷德里克病逝，选帝侯家族恢复领地的唯一希望——瑞典国王古斯塔夫也于同年战死于吕岑。这之后，鲁珀特便就开始了自己的军旅生涯，先是在荷兰，然后在德国，并在这个过程中积累了丰富的战场经验。1642年，年仅23岁的鲁珀特被任命为查理一世麾下的骑兵总指挥。勇猛好战、勤勉无畏的鲁珀特给内战双方都留下了深刻的印象，很多参加保王党的世家子弟都视鲁珀特为偶像，而议会党人则对其恨之入骨。然而鲁珀特直率而好斗的性格让他在查理的宫廷里结下了不少仇家，不少廷臣都希望国王与议会之间最终能达成和解，而鲁珀特显然希望帮助查理获得彻底的胜利。1644 年，鲁珀特奉命北上增援陷入困境的纽卡斯尔，但在马斯顿荒原被克伦威尔击败。1646 年，牛津投降，鲁珀特被迫离开英国。英国内战结束之后，鲁珀特作为雇佣兵，继续辗转于欧陆，也曾服务于流亡的查理二世麾下。查理二世复辟之后，鲁珀特成为英国政府重要的成员，并长时间执掌皇家海军。在生活稳定之后，鲁珀特的好斗性格有所收敛，晚年的他热心于对殖民地的探索开发、科学研究与技术发明，并确实小有成就。在今天的加拿大，仍然有许多地方以鲁珀特的名字命名。

实至高权力必须是绝对的，无论它操之于国王之手还是议会之手。

B：国王军的司令是谁？

Ⓐ：没人，除了他自己，而且他手头还没有任何正规军队。好在此时他的两位外甥来了，即鲁珀特亲王和莫里斯亲王，他于是将鲁珀特亲王任命为骑兵指挥，其人英勇当世无双，贯彻命令之决心与毅力更是无人能敌。另外，亲王虽正值弱冠，却并不缺乏领兵经验，其时已在其父于德国之战争中有所作为。

B：但国王从何处寻得资金来支持一支足以抗衡议会之大军？

Ⓐ：国王与议会其时手头也都没有太多钱，唯有靠参加自己一派者的捐助。这样（我认为）议会就占了很大优势。襄助国王者只有贵族和士绅，他们不赞成议会所作所为，也愿意出资，且他们中的每一位都有相当数量的马匹。但他们人数太少，不可能成为太大的助力。是否再有另外的筹钱手段，我也没听过了，但我知他曾在低地国家赊借过珠宝。相形之下议会受的捐献就多多了，几道公告下去（于1642年6月间由两院发布，就在他们投票称国王意欲开战不久之后），不只是伦敦，还有来自英格兰各地的党羽，纷纷慷慨解囊，筹集现金和金属，用来供养战马和骑手、购置军火以维护境内安宁，并保卫国王及议会两院，而且现金和金属的报偿都是由公信力保证的。

B：没有共信，何来公信？国家正值内战，离开了国王，如何称"公共"？

Ⓐ：其实这种保证根本一文不值，但却足够骗到那些头脑发热的傻子了，他们爱变革胜过爱和平和实惠。

靠这种方式赚得那些听话之人的贡献之后，他们便借此强迫其他人也照此贡献。进入 11 月后，他们颁布了一部法令，对那些尚未贡献，或是贡献明显与其身家地位不符的进行征税。此举显然与议会此前公开承诺的观点相悖。因为他们在最开始的提案中宣称，不以贡献多寡断人忠奸，善行皆是善心。

除此之外，接下来的 3 月初，他们又颁布了一部法令，旨在每周都向英格兰境内每个郡、市、镇、乡以及个人征收总数巨大的资金，每周数目（法令中已经列出，在 1642 年 3 月以两院的名义印刷公布）高达 33000 里佛尔，一年下来就是大约 170 万里佛尔。抛开上述收入不说，他们还能从国王的地产与林产中获取收益，以及先前授予国王但仍未兑现的各种补助金，还有国王以前征收的吨税与磅税。另外，他们还可以投票认定某些大人物枉法失职，顺理成章地将其财物充公。最后，主教们的地产也在一年或稍晚之后被他们夺去。

B：看到议会在资金、武备和人数方面占得如此优势，甚至皇家海军也尽在其掌握中，无论国王是志在取胜还是仅为自保（除非他将主权拱手相让），我都想不出他此时还有什么希望可言。无论是参谋还是将官，甚至是在士兵的招募上，我都看不到他有任何优势。

A：别说优势了，我认为他在此方面反而劣势累累。尽管他手下的军官不比议会的那帮差，但我觉得他得到的建议大多无济于事。还有他的士兵，虽说他们是很勇敢，但由于他们的勇猛未能如其敌人一般经过恨意的打磨，于是打起仗来也就没有其敌人那样狠：后者当中的许多人都是伦敦市的学徒出身。一个人，若是缺乏战场经验，于刀光剑影之间便会畏死、患伤；但若是缺乏判断力，又对横死于铳弹之下从无概念，便会因此难以于战场上将其击溃。

B：国王帐下那些顾问、贵族或其他出身品质良好之人，您何以认为他们有过错？

A：唯有一处——这种观点也在全国广受认同——那便是，他们认为英格兰的政府竟不是一个绝对君主政府，而是混合君主政府，进而如果国王执意要彻底镇压此届议会，国王虽因此得以随心所欲扩张自己的权力并削弱议会，但那无疑是暴政。虽然这种观点在战斗确实无法避免的时候并不会动摇他们为国王而战的意志，但却无疑会削弱他们在整场战争中为国王赢得彻底胜利的决心。正是由于这个原因，尽管他们眼见议会决意从国王手中夺去所有王家权力，他们竟仍不分场合地建议国王向对方提议和约与调解，并发出无数此类公告——量谁都能看出来这是在做无用功。如此别说赢得战争了，就连国王能保住自己的王位和性命都成问题。在前线浴血奋战的士兵们的士气也因此被动摇，这些士兵期望效忠王师而分得叛党的财产，并脱离叛党控制，现在若是万事终于一纸合约，便什么也得不到了。

B：他们是有借口的：两派针锋相对，若强势一方不愿退让，则内战永无终结。您当知罗马之奥古斯都与安东尼当初和解后所发生之事。但有一点，我认为一旦他们开始拥兵相抗，便说明其从此再无意于笔墨口舌之间争高下，毕竟此举若能济事，局势当不至于此。

A：但议会仍持续撰写并散发公告，鼓动人们质疑国王敕令的合法性，且依旧不改其偏激叛逆，给国王送请愿书，要求他解散军队，前往议会，并把那些失职者（毫无疑问都是国王最忠实的臣民）交给他们处理，还要按照他们的建议通过法案。面对这些举兵相抗、诉求傲慢之人，你可还会阻止国王发布宣言与公告反对其非法的命令吗？

B：不会的，这样做对他不曾有过任何好处，以后也不可能对他有任何好处。普通大众能左右局势，却不能理解双方之动机。受野心驱使之人一旦决计更易政制，便顾不得理性和正义，只想着议会的抗议或教堂的布道究竟能在多大程度上将群众煽动起来。至于他们的那些请愿，我想我只有一个回答：如果他们解散自己的军队，听候国王的发落，他们会发现国王比想象得更仁慈。

A：你这个回答堪称英勇，但前提是当国王在某场会战中取得非凡大胜，或者确信能在整场战争中笑到最后时，国王才愿意这么做。

B：为什么？还有比他最后的遭遇更糟的事吗？况且他的回复措辞得体，宣言有理有据。

A：没有比这更糟的了，但谁知道这其中缘由呢？

B：谁都能看出来若他不能取胜，便无望恢复其权利：若其决心广为人知，则其所获助力，必将远胜任何法理之争，口舌之辩，抑或是纸上之论。因而我想知道到底何人阻止国王自己下定决心。

A：你可以看看他们自己的宣言，大概就能明白了，其中充斥着对档案记录的引用与先前的判例，执笔者要么是（职业）律师，要么是早已有志于此的人。而且，我之前告诉过你，在此事上被请教最多的人，都反对绝对君主制，也反对绝对的民主制或贵族制，这类政制统统被视为暴政。他们偏爱的是"混合制"（mixarchy）[1]，他们惯于将其冠以混合君主制的美名，可实际上它只是一种无政府状态而已。而

---

[1] 在几乎所有的未授权版本中，此处都用了"君主制"（monarchy）一词，除了在1815年的一个版本中，编者大概根据推测，将此处改作"一种所谓的君主制"，而在滕尼斯发现的手稿中，则采用了"混合制"一词。——译者注

在法律与政府的争端上，这些御用文人也和议会的文人一样（如果我没被误导的话），对船税和其他未经议会批准的税项公开表示过反对，只是当他们眼见议会胃口膨胀，已经远超自己当初所求，便投奔了王党。

B：那些人中都有谁？

A：他们的名字不重要，尽管我在这个问题上对人们的愚蠢和错误只做过一番简短的叙述，但我不想（以点名道姓的方式）引得你或其他任何人对这些人不敬，时过境迁，双方曾经犯下的错误早已被原谅。

B：事已至此，双方都在召集士兵，争取舰只和武备，还有其他种种备战之举，谁都能看出来他们之间已经进入战争状态。为什么国王不能（以公告或命令的方式）凭借其毋庸置疑的权利解散议会，并借此削弱——至少在一定程度上——他们征兵敛财与令行不义时的权威？

A：你大概忘了我之前说的，当初国王签署处决斯特拉福德公爵的法案的同时，也亲自同意了另一项法案，赋予议会一直召开下去的权力，除非两院愿意自行解散。若他真的于此时宣布或命令解散议会，他们一定会在之前对国王的各种诽谤中添上一条：国王言而无信——这样不但不能解散他们，还会进一步增强议会一党的力量。

B：国王召集军队对抗他们不就是为了武力解散他们吗？和发布命令相比，用武力驱散他们不算是对承诺的更严重的违背吗？况且，我不认为通过这样一项法案会是毫无条件的，至少他们的指令不能与国王的主权权利相左，因为损害主权也是在破坏他们自己以前颁布的法令。我认为即使是根据被称为"最根本的自然法"的衡平法，一个拥有主权权力的人，也不能（即使他想）放弃任何有利于为其臣民维持好政府所必需的权利，除非是他清楚地用言辞表达，说自己永远放弃主权权力。主权权力伴随主权而来，（我认为）放弃该权力却并不等于放弃主权。这里有一个谬论，只因自己如此授权自己是无效的①。虽然国王在法案中遂了议会的意，同意他们想开多久就开多久，但上述道理还是一样的。只是现在双方大战在即，还能争些什么呢？

Ⓐ：我不知道他们有何需要。但双方都认为有必要尽力阻止对方征兵，故而国王印发宣言，以使人民清楚，他们不得服从由议会法令所委任的新国民卫队的军官，同时也是想让他们看到国王敕令的合法性。议会方面也差不多，一边向人们力证自己那些所谓的法令，一边说敕令不合法。

Ⓑ：议会倒可以大举征兵，而国王为了保卫自身及其权利而征兵却成了非法的了？国王此举只图自存，这样的敕令很奇怪吗？

Ⓐ：在我看来，不会有比"保卫个人权利"更正当的战斗理由了。但那个时候的人却不认为国王的行为是合法的，因为议会的法律没有这么说。那些法学家，我是说威斯敏斯特法院里的那些法官，还有他们的拥戴者——他们因熟知普通法与英格兰律法而久负盛誉，英格兰多数的绅士又都欣赏他们的职业准则（maxims）和业务能力（cases

---

① 霍布斯这里的意思是，主权者因为其拥有主权权力才被认为拥有主权，因而以主权者的名义宣布自己放弃主权权力这件事实际上就是矛盾的：只有主权者才能宣布放弃权力，但放弃了权力的主权者又不能称为主权者，因而他也就不能宣布自己有权力可供放弃。——译者注

prejudged），他们称其为判例（precedents）。这种对法律知识的精通同时也让他们自我感觉良好，因而便急欲通过和国王作对以展示自己的能力，以期被议会认可为优秀的爱国者与睿智的政客。

B：国王的敕令是怎样的？

A：征服者威廉国王以武功尽得英格兰全境，于是分封，或作园林猎场而为己用，或作食邑而赐予贵族士绅，受封者要么于战时有功于国王，要么于来日愿助国王于战阵。国王由是能于开战之际唤众臣于麾下，且由封地不同，则须召集不同数量之兵丁——当亟须用兵时，国王便遣使发敕令于众封臣之手，封臣于是须自行准备妥当，在规定时间内出现，并在战时全副武装而伴随国王左右——这位国王便是如此以敕令征召士兵。

B：怎么到了后来（敕令）便不合法了呢？

A：无疑是合法的。但人们已目无他物，认为法律不过为障碍而已，阻止其取消君主制，并让平民议院掌握主权与绝对的专制权力——这样敕令又有何用呢？

B：摧毁君主制，再建立下院的统治，这是两件事。

A：他们最后才发现这一点，但那是后话了。

B：我们再来说说战事吧。

A：我想讲的只有他们的不义、无耻以及虚伪。至于战争的过程，我建议你去读读更详细的历史记录，且要是用英语书写的。只不过在表现其邪恶或愚蠢的时候，我会提到我所知道的一些事。

国王从约克出发去了赫尔，那里有英格兰北部最大的军械库，他尚不确定他们是否愿服从于他。议会任命约翰·霍瑟姆先生镇守，后者紧闭城门，坐镇城墙，断然拒绝国王进城；国王因此宣布其为叛党，致信议会，质问其是否在背后指使此事，他们也承认了。

B：议会此举可有依据？

A：他们有理由：无论赫尔还是任何其他英格兰市镇，都不属于国王，而属于英格兰的人民。

B：但那又与议会何干？难道这样那市镇就是议会的了吗？

A：他们说："是的，因为我们是英格兰人民的代表。"

B：我觉得这种论据毫无说服力：我们代表人民，因此，人民拥有的任何东西都是我们的。赫尔的市长也代表了国王，所以国王在赫尔的所有东西也都是市长的吗？在有限度的范围内，英格兰人民是可以被代表的，比如递交请愿之类。难道他们递交了请愿之后就说明他们真的对英格兰所有的市镇拥有权利了吗？本届议会是何时开始起成为英格兰全境代表的？难道不是 1640 年 11 月 3 日吗？究竟是谁，到前一天的 11 月 2 日为止，确实有权拒绝国王进入赫尔，并保持着赫尔的所有权？议会还没召开的时候，赫尔又是谁的？

A：要我说它是国王的，不仅仅因为它的全称是"赫尔河畔金斯顿"[①]，更因为国王本人也一直代表着英格兰的人民。没有他，哪来的议会？

B：他们大概会说，人民从此以后没有了代表。

A：那国家也就没有了。到最后，英格兰所有的城镇就都是人民的了，你和我，或是其他任何人，都有一份。你看看，这些意志薄弱

---

① 赫尔的全称是 Kingston upon Hull，霍布斯这里用了 King's town upon Hull，直译确为赫尔河畔国王的城镇，Kingston 之名也确由爱德华一世国王御赐。——译者注

之人就这样被议会诓骗起来叛乱，他们让这些人对如此谬论信以为真，简直无耻之极。

B：他们无疑曾被视作英格兰最睿智的人，因此被选入议会。

Ⓐ：那些把他们选出来的人，也是全英格兰最睿智的人吗？

B：这我不知道。我只知道选举者一般是郡里的地主、城市或自治市镇里的商人，这些人最讨厌的就是提供补助，而他们选出来的人一定是和他们自己相近的人。

Ⓐ：国王在赫尔碰了壁，同时也在周围几个郡里寻求了帮助，终于于8月初在诺丁汉升起了王旗，但他麾下的人手还是不够组成一支能和埃塞克斯伯爵相抗衡的军队。于是他动身前往什鲁斯伯里，并在该地获得了及时的援助。林赛伯爵现在被拜为上将，他决定向伦敦进军。——埃塞克斯伯爵率领的议会军尚在伍斯特，他没有收到阻击林赛伯爵的命令，但林赛伯爵动身之后，他还是立即跟了上去。

国王为了避免被包围在埃塞克斯伯爵与伦敦市之间，主动转向，在埃杰山与埃塞克斯伯爵展开会战。尽管这场仗算不上大获全胜，但也足够好了 [①]。国王取胜之后，得以照预定计划向伦敦推进。第二天清晨，他拿下了班伯里城堡，由此进占牛津，接着是布伦特福德，他在此地击溃了三个团的议会军，之后回到牛津。

B：为什么国王不从布伦特福德继续进军？

---

① 此战鲁珀特率领保王党骑兵率先击溃国会军两翼，但为追击国会军部分逃散士兵，保王党骑兵一度脱离主战场，以致未能及时支援中路步兵，导致保王党中路被击溃，埃塞克斯一方亦未乘胜追击，故此战双方各有胜负，但埃塞克斯未能达成阻止保王军向伦敦进发的战略目的。——译者注

Ⓐ：议会获悉国王从什鲁斯伯里出发之后，立即召集伦敦（城内所有的店铺已经因恐慌而关门了）城内所有民兵团与义勇军，所以此时伦敦拥有一支整编完毕的大军，只等埃塞克斯伯爵入城坐镇指挥。因此国王决定先退回牛津。接下来的二月初，鲁珀特亲王从议会手中拿下赛伦塞斯特，俘获不少人员和装备——议会刚刚于此地设立了军械库。同时，议会联络整合了伦敦市周围方圆二十英里的郊区，包括了埃塞克斯、剑桥、萨福克以及其他一些地区，并建立了一个专门的委员会，以事守备。奥利弗·克伦威尔是其中委员之一，他正是从此处发迹。

Ⓑ：这段时间里，国内其他地方情况如何？

Ⓐ：在西部，斯坦福德伯爵负责执行议会有关民团的法令，拉夫·霍普顿先生则负责执行国王的敕令。双方在康沃尔的利斯卡德打了一仗，拉夫·霍普顿先生一方赢了，随后便立即占领了一座名为萨尔塔什的城镇，获得了大量装备、军火及俘虏。威廉·沃勒先生此时已为议会占领了温彻斯特和奇切斯特。在北方，纽卡斯尔阁下奉敕令，而费尔法克斯阁下奉议会法令。议会本于塔德卡斯特屯集重兵，故而纽卡斯尔阁下从议会手中占下此地，便从某种意义上来说控制了整个北方。大约也是此时，也就是 2 月，王后在伯灵顿登陆，并由纽卡斯尔阁下与蒙特罗斯侯爵护送至约克，再晚些时候便去了国王那里。即使除了这些，王党在北方也对议会党占尽优势。

在斯塔福德郡，奉议会法令的布鲁克阁下与奉敕令的北安普顿阁下之间爆发了激烈冲突，这两位指挥官都被杀死。布鲁克阁下当时正在围攻利奇菲尔德 - 克洛斯，后被子弹打死，但其手下没有放弃围攻，后来还占领了克洛斯。但北安普顿阁下随后立即围攻该地，威廉·布里尔顿先生和约翰·盖尔先生为解围，奔赴利奇菲尔德，与北安普顿伯爵在霍普顿荒原遭遇并被击溃。伯爵本人阵亡，但他的军队获胜之后得以继续围攻。不久之后，在鲁珀特亲王的支援下，该地被攻克。这是 1642 年的主要事件，王党此时处境还不算太糟。

B：但议会已经集结了一支更强大的军队。此时若埃塞克斯伯爵立即尾随国王至牛津（此时防御尚未加固），他很有可能占领该地。况且他也不缺人员和弹药，伦敦市（此时完全忠于议会）对此准备充分。

A：这个假设无法验证，但可以证明的是，考虑到国王在奔赴约克时的遭遇，当他既没有钱，也没有人，更没有装备足以保障其胜利时，（总的来看）这一年的局势实在顺利。

B：但您可有发现议会在这头一年里做下了什么蠢事或恶事吗？

A：他们做的所有的这种事都会被找借口推脱掉，以此掩盖其叛乱行径。你想想，当他们控制了任何一座城镇的时候，都打着国王和议会的旗号，而国王则身处敌对一方的军队中，还在围攻战中多次打败他们。我实在是不知道战争权如何能赋予这种无耻行为以正当性。可是他们宣称国王其实一直都在两院中，不断强调国王的自然人身份和政治身份之间的区别，先不说这种想法有多愚蠢，这种行为本身就无耻至极。因为这是一种很常用的诡辩，学校里的学生通常用这种方法来支持自己站不住脚的观点。

这一年快结束的时候，他们请求苏格兰派兵进入英格兰，以向北方的纽卡斯尔伯爵施压。这说明此时议会的实力还劣于国王。很多人认为，若是纽卡斯尔伯爵率军南下，与国王汇合，那大部分的议会成员在英格兰可就待不住了。

1643 年初，眼见纽卡斯尔伯爵在北方的势力迅速扩张，议会设法买通了苏格兰人，邀请他们入侵英格兰，而且（同时为了讨好他们）双方还订立了盟约，其中包括苏格兰人之前提到过的废除主教制，还有拆除全英格兰的十字架和教堂窗户（这些物件上都有圣像）。在这一年年中的时候，他们以国家的名义签订了一份正式盟约，也就是"神圣盟约"。

B：难道苏格兰人不是和爱尔兰人一样的外国人吗？斯特拉福德伯爵由于建议国王借爱尔兰军队镇压议会而被他们迫害致死，他们有何脸面把苏格兰军队招来对抗国王？

A：王党很容易就能看穿他们的阴谋，他们只想让自己成为国家的主宰，并且废黜国王。还有更无耻的——或者用毫无人性来形容更合适——那就是他们投票认定王后为叛国者，因为她从荷兰为国王输送了一些军火和会讲英语的军官。

B：这些阴谋有可能得逞吗？之前的文章和宣言难道一点用都没有吗？人民还不明白这些人若不废黜国王并取而代之，是绝不会善罢甘休的吗？

A：完全有可能得逞。人民当中有谁会不知道国王拥有主权权力？但又有谁清楚有些权利对主权来说是根本性的？他们幻想国王的权力能和两院的权力结合在一起。而他们无法理解此举只是将权力分裂，其实根本无和平可言。因而他们一直催促国王发布公告并进行和谈（因为他们害怕自己会被国王奴役），这样便给了叛党以希望与勇气，但却无助于国王。人们也不明白——准确来说是不愿去辨析那些针锋相对的观点，反而更愿意随波逐流，道听途说，宁可认为议会更有希望在战争中获胜。并且，这些文章的作者和辩护者本是议会成员，道本不同，只因议会所为已出乎其预料，故忍无可忍，弃议会而走，众人于是总认为他们言不由衷。

接着说军事行动（从第一季度开始），鲁珀特亲王占领了议会军驻防的伯明翰。7月之后，国王军在迪韦其斯附近的朗韦德丘陵大败议会军，俘获2000人，4门铜炮，28面军旗以及所有辎重。随后，布里斯托尔向鲁珀特亲王投降。同时国王率军向西，从议会手中拿下许多要地。

但到围攻格洛斯特的时候，国王的运气就没这么好了，该城只差一口气就要被攻克的时候，埃塞克斯伯爵过来解了围。伯爵的军队之前损失惨重，但现在民兵和伦敦市内的学徒已经迅速补员进来。

B：我看不仅是这次，史上很多例子都证明，没有一个过度膨胀的城市，一场叛乱就很难具有持久性和威胁性——因为这些城市里总能组织起一两支足够挑起叛乱的军队。

A：不仅如此，只要叛乱是以申冤作借口的，那些庞大的都城一定是叛党所在：因为所谓的冤屈无非就是指征税，市民多商贾，以钻营为生，自然与征税不共戴天，其津津乐道之事无非靠精于买卖之道而倏然暴富。

B：但他们给穷人提供工作，故而被说成是对国家最有贡献的一群人。

A：那无非是说，由他们自己定价，让穷人出卖劳动力而已。虽说穷人可以做些纺纱、织布之类的工作维持生计，但就算是在布莱德维尔[1]做工多半也比这样过得好——前者不仅对他们自己帮助甚微，而且让我们的制造业蒙羞。通常他们[2]是头一个开始鼓动叛乱的，总认为自己无所不能。他们多半也是头一个开始后悔的，于是那些带领他们的人就这样被他们耍了。

我们还是回到战争上来吧。尽管国王从格洛斯特撤退，但并没有逃走，反而在不久之后与埃塞克斯伯爵在纽伯里交锋，战斗进行得非常惨烈，本来国王的处境还不算太糟的，但伯爵在几日前出人意料地夺取了赛伦塞斯特。

但在北部和西部，国王军便远胜议会军了。在北方，当年初的3月29日，纽卡斯尔伯爵与坎伯兰伯爵在布拉姆翰荒野击败了费尔法克斯爵士（他是议会在这个地区的总指挥）。议会于是加紧催促苏格兰人进行援助。

接下来的6月，纽卡斯尔伯爵于阿德顿荒原击溃了托马斯·费尔法克斯阁下（他是费尔法克斯爵士的儿子），一路把他们赶到了布拉德福德，杀敌2000人，次日又攻陷该地，再俘两千余人（托马斯先生只身逃走），另获全部的武器弹药。不仅如此，费尔法克斯爵士因此被迫退出哈利法克斯和贝弗利。最后，鲁珀特亲王驰援纽瓦克——约翰·梅尔德伦阁下正率七千议会军围攻该地——议会军损失1000人，余下的人签字画押，留下武器、行李和辎重之后获准离开。

---

[1]　Bridewell Palace：位于伦敦，始建于亨利八世年间，最初是作为亨利八世的寝宫，爱德华六世年间改用作孤儿院与失足妇女收容所，后逐渐成为一座监狱兼济贫院。——译者注

[2]　指市民。——译者注

托马斯·费尔法克斯

　　托马斯·费尔法克斯出身约克郡的地方望族，是英国内战时期议会一方最重要的
军事将领之一。从费尔法克斯在历史上的表现来看，他属于霍布斯所形容的同情"混
合政制"的"民主士绅"。费尔法克斯曾在主教战争中为查理一世效力。后来，查理与
议会的矛盾逐渐激化，费尔法克斯表现出了反对王权专制的立场，同时认为唯有议会
才是国王最可靠的顾问。查理到达约克之后大肆扩军，准备与议会开战，费尔法克斯
代表地方向国王请愿，希望双方能够和解。内战爆发后，费尔法克斯与自己的父亲一
直在北方指挥议会军与保王军作战，表现优异，并作为主要将领参加了1644年的马
斯顿荒原之战。"自我否定条例"与"新模范条例"通过之后，费尔法克斯成为改组后
的议会军的总司令，并带领议会军取得了内斯比战役（1645）的胜利。第一次内战结束
之后，立场温和的费尔法克斯发现自己身处国王、议会与军队之间的纷争中，而由独立

派所控制的军队已经愈来愈成为一股难以驾驭的危险力量。费尔法克斯反对处死国王，而处死国王显然是一场早就计划好的政治阴谋，费尔法克斯缺乏政治敏锐，未能及时察觉，早在"普莱德清洗"时便被克伦威尔牵制利用。当议会决定向苏格兰开战时，感到事态失控的费尔法克斯终于主动辞去了总司令职务，而接替他的正是克伦威尔。这之后，费尔法克斯退居地方，远离政坛，克伦威尔去世后，他积极为斯图亚特王朝复辟而奔走，并协助蒙克击败了野心勃勃的兰伯特。迎回查理二世之后，费尔法克斯得以在约克郡中安度晚年，并于 1671 年去世。

曼彻斯特伯爵——他的副将就是奥利弗·克伦威尔——在霍恩卡斯尔附近击败了王党，杀 400 人，俘 800 人，获武器 1000 套，随后劫掠林肯市。此事至少（稍稍）挽回了些颓势。

在西部（5 月 16 日），拉夫·霍普顿阁下在德文郡的斯特拉顿战胜了议会军，俘虏 1700 人，30 门大炮以及所有弹药（总共 70 桶火药），还有他们囤积在城内的所有物资。

在兰斯当，拉夫·霍普顿阁下与威廉·沃勒率阁下率领的议会军爆发激战，胜负难分，但议会军大概更占上风，因为威廉·沃勒阁下之后一路冒险追踪拉夫·霍普顿阁下到了威尔特郡的迪韦其斯。他最后于该地被击败——我已经讲过了。

此后，国王亲自率军向西，占领埃克斯特、多尔切斯特、巴恩斯特布以及其他许多地方。不过他还没来得及重新布围格洛斯特，这就给了议会喘息之机得以征召新兵，很多人都认为国王彼时本可以彻底击败下院。——但到这一年年末的时候，局势对议会来说更乐观。因为苏格兰人已于 1 月进入英格兰，并于 3 月 1 日渡过泰恩河。纽卡斯尔前去阻击时，托马斯·费尔法克斯阁下又在约克郡收拾残军，曼彻斯特伯爵也从林恩直趋约克。于是纽卡斯尔伯爵现在要对付两支叛军，一支在他身后，一支在他面前，于是只得退往约克。三支军队（算上曼彻斯特伯爵的军队）很快就开始围攻他[①]。以上是 1643 年内发生的所有重大的军事行动。

是年，议会造了一个新的国玺。掌玺大臣之前把原来的那个带去

[①] 霍布斯亲自修改了这一句，将该句改为："三支军队迅速合兵一处，共同围攻纽卡斯尔伯爵。"

了牛津。于是国王派了个使者告诉威斯敏斯特的法官，禁止他们用新国玺。使者被扣下来，并被战争委员会定罪，当作间谍被绞死了。

B：有这种战争法（the law of war）吗？[1]

A：我没听过，但应该是这个道理：当一位士兵进入敌占区，竟不是为了同总指挥官说话或传达什么，那就有理由推测其为间谍了。也是在这一年，很多伦敦的士绅都收到过国王的敕令，说是想让他们在城里为国王做事，然后他们就被定罪了，其中一些人还被处决了。此事和我刚刚说的事差不多。

B：制造新国玺可不是个活生生的证据吗？他们挑起战争才不是为了清君侧，而是要把国王从政府中清除出去。这样的话谈判或和约还有什么意义吗？

A：苏格兰人的介入出乎国王的预料，因为他驻苏格兰的钦差——汉密尔顿公爵之前一直在来信中声称苏格兰人绝无意入侵，国王也就信了。公爵之后到了牛津，国王（现在已经得知了苏格兰人入侵的消息）便把他关进了康沃尔的潘登尼斯堡。

1644 年初，纽卡斯尔伯爵（正如我之前告诉你的）被苏格兰、曼彻斯特伯爵和托马斯·费尔法克斯阁下的联军围困在约克，国王便派鲁珀特亲王前去解围，且如果时机允许，迫使对方交战。鲁珀特亲王横穿兰开夏郡，一路上不但痛击了博尔顿这个叛镇，还占领了斯托普福德与利物浦，终于 6 月 1 日抵达约克城下，解其围。敌人收拾一番，退地 4 英里，在一个叫马斯顿荒原的地方站稳了脚。于是便爆发

---

[1] 此处大概针对"不斩来使"的不成文的准则。——译者注

了那场倒霉的会战，国王可以说是丢掉了整个北方。鲁珀特亲王于是按原路撤退，纽卡斯尔伯爵则回到约克，随后同身边一些士官登船去了汉堡。

议会军的这次胜利主要归功于奥利弗·克伦威尔（也就是曼彻斯特伯爵的副将）。军队再度包围了约克城，不久之后，后者就有条件地投降了——不过这倒不是因为议会军同意如此 ①，而是因为已经没有多少时间和人手供布围了。

B：这无疑是对国王势力的一次突如其来的重大打击。

Ⓐ：如你所言。但大约五六个星期之后，国王便扳回一局。威廉·沃勒阁下（他上次在朗韦德丘陵被杀得溃不成军）又在伦敦市重新组织了一支军队。至于粮饷，伦敦决定新设一项按星期征收的税，每个市民须缴纳与一餐中消费肉钱相当的数目。这支军队，再加上埃塞克斯伯爵的军队，计划围攻牛津。国王得知后，将王后送去了西部，自己则直趋伍斯特。伯爵与沃勒于是决定分兵，伯爵挺进西部，而沃勒则去追国王。（事实证明）这个决定致使他们双双遇败。国王迎战沃勒，在克罗普雷迪桥将其击败，俘虏了他的炮兵部队和许多军官。随后国王跟着埃塞克斯伯爵进了康沃尔，并于此地大胜伯爵，伯爵只身登舟去了普利茅斯。他手下的骑兵则乘夜突破了国王军的阵地，但所有步兵都被迫放下武器投降，在保证永不拿起武器对抗国王之后，获准离开。

---

① 霍布斯亲自将原文中的"同意如此"（not for favour）改为了"乐意"（not that they were favoured），此处改动遣词颇为微妙，霍布斯大概想强调议会军虽然"同意"了有条件投降，却是"不得不同意"的。

接下来的 10 月，在纽伯里爆发了另一场遭遇战。这些没良心的步兵很快就忘了自己对国王的承诺，往伦敦方向走，一路到了贝辛斯托克，居然又重新拿起了武器，另一些伦敦的民团也被补充进来，埃塞克斯伯爵一下子又有了这么多的军队，于是在纽伯里再次进攻国王。这一次自然是他占了上风，但夜幕让双方脱离了接触，伯爵未能取得完全胜利。有一点显而易见：在伯爵的队伍里，那些之前于康沃尔缴械投降的士兵战斗最勇猛。

这些就是 1644 年度最主要的几次会战。（无论国王自己还是其他人都认为）他尚能与议会旗鼓相当，议会则由于自己任用的那些指挥官而对胜利备感绝望。因此他们决定建立一支新式军队，另外他们怀疑埃塞克斯伯爵——虽然我觉得这怀疑毫无根据——其实倾心保王党，以致未能在纽伯里的这次战斗中尽心尽力，未能满足他们的期待。埃塞克斯伯爵和曼彻斯特伯爵明白议会的想法，于是主动退职。下院之后通过一项法令，今后不准两院成员担任或插手任何军职与文职——此举无疑间接打击了那些迄今为止兢兢业业为其做事的人。但该法令却允许奥利弗·克伦威尔成为例外，他们对他的果断与勇猛十分满意（他们要是能知道此人后来的作为，怕是不会这么想了），让他做了新任总司令托马斯·费尔法克斯阁下的副将。在埃塞克斯伯爵曾经的委任状中，是有"保护国王"这一条的，现在新的委任状中将此款删去了——尽管议会（总司令也是）尚且还属于长老派。

B：似乎长老派的人（为了他们的目的）其实不希望国王死？

A：我觉得大概不是这样，因为只要合法的国王还在世，那么篡夺权力者就永远无法拥有合法性。

这一年，议会还处死了约翰·霍瑟姆先生和他的儿子，因为他们收受贿赂后向纽卡斯尔伯爵献出了赫尔①，还处死了亚历山大·卡鲁先生，因为他企图向王党献出自己镇守的普利茅斯。坎特伯雷大主教也被处死，因为得让苏格兰人高兴。至于那些说什么（大主教）颠覆国家基本法的所谓罪状，连指责都算不上，根本就是些污言秽语。随后他们还投票废除了"公祷书"，代之以长老派牧师大会新制定的"指导书"。还有，他们大费周折地给在阿克斯布里奇的国王送了份和约，想让他接受，只不过内容依旧是狮子大开口。国王这边则在牛津组织了另一个议会，由不满威斯敏斯特宫的部分议员组成，但他们依旧心念初衷，所以这议会其实也不堪用。更糟的是，他们满脑子只想着谈判与和解，这就阻绝了士兵们发战争财的指望，大家都觉得他们只是来给国王添乱的。

1645 年的局势对国王来说非常糟糕。他输掉了一场关键的会战，因此失去了一切，以致后来失去了性命。——当时新模范军内部在包围牛津与增援汤顿（戈林大人正在包围它，而守将则是布莱克，他后来以其海战之功而闻名）之间讨论良久，最后决定去汤顿。尽管现有的兵力还不足以阻挡国王，但他们还是从康沃尔动身追踪国王。国王觉得自己实力占优，便从牛津抽出了自己的军队和炮兵。议会闻讯召回了总司令费尔法克斯，命令他包围牛津。切斯特之前被威廉·布里尔顿阁下包围，国王现在为该城解了围，还回身重新攻占了莱斯特——须知此地是军火补给的重镇。

---

① 霍布斯亲手将"献出了"改为"企图向……献出"，霍瑟姆父子在历史上确实企图向纽卡斯尔献城，但被议会察觉，未能成功。

此役之后，大家都认为王党实力大增。国王本人也这么认为；连议会也以其行为承认了这一点：他们命令费尔法克斯从牛津城下拔营启程，寻机与国王进行野战。国王的一系列成功使得他们内部的分裂与叛变不断滋生，于是他们决定孤注一掷。在内斯比，国王的军队被彻底打垮，自此他再也没有东山再起的可能了。会战之后，国王带着一小队人四处奔走，不得不放低姿态，表示对议会亲善，但即使这样的态度转变都没能再壮大自己的实力。

费尔法克斯同时收复了莱斯特，然后挥兵向西，占领了绝大多数地方，霍普顿阁下恪尽职守到最后一刻，随后（在条件优厚的情况下）解散了自己的军队，与威尔士亲王一道去了西西里，不久之后去了巴黎。

1646 年 4 月，费尔法克斯将军开始进攻牛津。同时，伍德斯托克在被雷恩巴勒围攻之后便投降了。国王身在牛津，离伍德斯托克只有 6 英里远，被费尔法克斯包围着，没有军队为其解围。于是他决定化装前往纽瓦克附近的苏格兰军营。他于 5 月 4 日到达该地，正准备动身回国的苏格兰军队将其扣押下来，随军去往纽卡斯尔，于是 5 月 13 日，国王到了纽卡斯尔。

B：为什么国王把自己交到了苏格兰人手里？他们才是带头造反的。他们是长老派，是残忍的代名词，况且他们还很穷，说不定就会为了钱而把他出卖给他的敌人。更重要的是，他们根本没有实力保护他，也无法让国王安然待在他们的国家里。

A：他还能怎么办？他在冬季的时候给议会送过消息，想为里士满公爵和其他人要一份通行证，好来谈谈和解的条件，但此事被对方拒绝了。于是他又请求了一次，还是被拒绝了。然后他觉得自己最好还是亲自去谈，可对面依然不同意。他为此试了一次又一次，但议会不但没同意，反而颁布了一项法令：为防止国王前来沟通，伦敦市的民团指挥官应集结足够之部队以待骚乱，逮捕任何与国王同行者，并拯救（其实就是监禁）国王于危险之中。若是国王当真冒险前往，而且还被监禁起来，天知道议会会做出什么事情来？他们早就投票罢黜了他，因而即使是在监牢中，其生命安全依然难有保障。他们当然不太可能通过高等法院公开处死他，但若背地里使些其他的手段就难说了。

B：国王应该设法渡海去国外。

A：（从牛津出发的话）此事很难。况且，大家都相信苏格兰军队已经答应了国王，若是国王本人和他的朋友前来，则苏格兰军队定能护其周全——不光是人身安全，还保障其荣誉与自由。

B：这谎话说得真是漂亮，一整支军队和士兵个人是两回事，后者承诺的事情，前者又不用负责。

A：7月11日，议会给在纽卡斯尔的国王送去了他们的谈判条件。他们声称唯有答应其条件才能获得有效而持久的和平。议会此番派来的委员有：彭布罗克伯爵、萨福克伯爵、沃尔特·厄尔先生、约翰·希皮利斯先生、古德温先生、罗宾逊先生。国王问他们是否有全权进行谈判，（在他们回答了没有之后）又问他们为何不干脆派一个传令兵来，那样还省事。这次的谈判条件与之前他们送来的那些没有区别，因此国王又一次否决了它们。苏格兰人起先也没同意这些条件，甚至还提出了一些异议，但这（似乎）只是为了摆出姿态告诉议会：他们是不会免费把国王交到他们手里的。于是两边开始讨价还价，最后敲定以

20万里佛尔的价格把国王交到委员们的手里，再由英国的议会派人把他接回去。

B：这种行为简直无耻至极！信仰尽是假，贪婪倒是真，我看这些懦夫满口谎话，见利忘义！

A：现在，战争结束了，本来很多不合理的事情现在似乎也都被证明合理了，除了他们的愚蠢，你能从这场叛乱中发现的就只剩下卑鄙和虚伪了。

现在议会接管了国王所有剩下的要塞，最后被占领的是潘登尼斯堡，国王之前把汉密尔顿公爵关在那里。

B：这段时间里爱尔兰与苏格兰可曾发生变故？

A：陛下有令在先，爱尔兰国内勉强同意暂置分歧，所以爱尔兰倒是太平了一段时间。但以如今的局势观之，教皇派（教皇使者已到了爱尔兰）似乎觉得此时乃是摆脱英国人统治的绝佳时机。况且，停战协定也马上到期了。

B：怎么能说他们是被英国人统治呢？怎么就不能说是英国人被爱尔兰人统治呢？他们之前服从的是英格兰的国王，正如英国人服从的是爱尔兰的国王一样啊。

A：常人很难理解这种微妙的区别。——在苏格兰，国王派去的蒙特罗斯侯爵横扫苏格兰全境，仅率领着少数人马便取得了数次奇迹般的胜利，他手下的人（以为自己已经所向无敌）于是时不时地离队开个小差。敌人获悉此事，便突袭了他们，之后侯爵的军队便被迫退入高地重整。正当其慢慢恢复元气时，国王（现在已经被苏格兰人控制，身在纽卡斯尔）命令他解散军队，于是他从苏格兰渡海逃脱。

这一年（1646 年）结束的时候，议会毁掉了国王的国玺。国王则被委员们带到了霍登比。英格兰与苏格兰的战事先告一段落了，但爱尔兰的战事还没有结束。大约也是这个时候，早先被议会抛弃的埃塞克斯伯爵去世了。

B：现在英格兰终享和平了，国王也被监禁起来，那么现在是谁掌握着主权？

Ⓐ：国王自然在名义上是有权利享有的，而实际上是谁在行使却不甚清楚。但可以确定的是，在 1647 年至 1648 年的两年时间里，围绕着这个问题，议会与奥利弗·克伦威尔——他这时还是托马斯·费尔法克斯阁下的副将——之间一直争论不休，双方就像在玩纸牌游戏一样，尚未爆发直接的冲突。

B：克伦威尔手里有什么好牌吗？

Ⓐ：你要知道：当年亨利八世国王摧毁了教皇在我国的权威，把自身置于教会之首脑地位，众主教于是再也无力抗衡国王，也不许对此表示不满。昔日教皇不许主教们在教区内妄称自己的管辖权得自"神律"，即权利乃非神授，而尽出于教皇之赐予与权威，现在教皇没了，主教们自然认为神授权利该归自己了。自此开始，日内瓦城也好，海外的其他地方也好，凡是对天主教会不满的，都把教区长老尊为本地教会的官长。当时英格兰许多学者为避玛丽女王的迫害而远渡海外，皆被这种政制迷了心窍，后又值伊丽莎白女王一朝，他们纷纷归国，总想在国内建立一个这样的政府，也好方便卖弄吹嘘自己的智慧和学问，其努力至今不辍，不知给教会和国家平添多少麻烦。他们在传道中不断介绍那些新奇而有害的信条，鼓吹施行路德和加尔文的所谓改革，当局

17 世纪英国纸牌

　　苏格兰与英格兰在第二次英国内战（1648 年）中反目成仇的一个重要原因便是宗教问题。长期议会召开之初，议会中的多数席位被长老派势力把持，然而随着查理一世于 1647 年出逃怀特岛，英格兰长老派发现自己处于一个十分尴尬的位置上：一方面自己一直以来坚持希望与国王达成和解，另一方面查理的出逃进一步破坏了达成和解的可能性。独立派无法忍受长老派的妥协态度，普莱德清洗（1648 年）之后，独立派控制的军方将议会中的长老派驱逐出去，并决心彻底废除英格兰的君主政体，苏格兰的长老派于是决定和过于激进的英格兰独立派决裂。这是一张 17 世纪制作的纸牌，整副牌取名为"残缺议会的恶行（The Knavery of the Rump）"，而这一张的主题则是"盟约派与独立派对于世间诸事的看法是不同的"。画面的左侧是一位英格兰的清教徒，而右侧则是一位苏格兰长老派信徒，两人身前的植物分别呈现枯萎与盛开的状态，明显是在讽刺清教徒。这副牌最有可能制作于第二次内战爆发后到克伦威尔彻底征服苏格兰之前。

坐视不管，甚至时有支持。他们还说要摒弃旧神学（也就是经院哲学，宗教则另当别论），恰如路德和加尔文摒弃教皇一般。于是听众被他们诓进了好几个宗派，什么布朗派、再洗礼派、独立派、第五王国派、贵格派，还有其他种种，统统都由狂热分子组成——而对长老派来说，它们就像自己巢中孵出来的蛋，压根算不上什么危险的敌人。

克伦威尔手中有不少好牌：一张是军中官兵，一张是议会朋党，还有一张就是他自己。尽管他这人没什么固定原则，但他总是装成最强势的那一派的成员，就像变色龙。

军队中很多人（即使算不上绝大多数）只想着掠地分赃。同时他们又觉得唯有克伦威尔的勇猛与才干才能助其实现这个目的，所以情愿依附于他。最后是议会自身，狂热分子虽没有占到多数，但也十分可观，掀起风浪是没问题的，扰乱议程这种事且不说，有时甚至能以微弱优势投票支持克伦威尔，就像 7 月 26 日那次一样 ①。根据 5 月 4 日的议会投票，伦敦的民团本应由一个市民委员会掌握，伦敦市长为其一员，但随后，独立派偶然获得了议会多数席位，于是一纸法令降下，将亲军队分子扶上了市长一职。

整个伦敦市与国王本人则是议会最好的两张牌。托马斯·费尔法克斯阁下是正经的长老派，奈何被军队所左右，而军队则被克伦威尔控制。但哪派终能更胜一筹，还须看各方准备如何出牌。克伦威尔声称自己仍服从并忠诚于议会，但这并不意味着他会为此而忤逆军队。因此他和他的女婿——艾尔顿将军，和克伦威尔一样诡计多端，但却

---

① 指若干两院议员为躲避市民暴力冲击议会而避入军营寻求保护一事，霍布斯在下文中提及。——译者注

比他更善笔墨与言辞——阴谋煽动兵变向议会施压。他们暗地里向军中放出风声，说议会现在有国王在手，便准备踢开军队，而且议会不但不打算支付欠饷，还计划把军队派去爱尔兰，假爱尔兰人之手消灭他们。军队立马就炸了锅，在艾尔顿的教唆下成立了一个委员会，每个骑兵连和步兵连都选出两位士兵参加，该委员会旨在维护军队利益，协理战争委员会，并为国内和平与安全提供建议。这些士兵代表又被称作宣传官 ①，这样克伦威尔要是想做些什么，他就不用教所有的士兵去做了，只要向这些代表灌输洗脑就好。他们做的第一个决定便是将国王从霍登比带到军中。

总司令 ② 于是致信议会，万望议会包涵自己、克伦威尔以及全体军队对时局之陋见，国王自愿与前来接应他的士兵一道离开：国王怜见全体军队心向和平，既无意反对长老派，也未受独立派教唆，更不愿见宗教自由盛之过滥。

B：我很奇怪托马斯·费尔法克斯阁下竟会迫于克伦威尔之威而写下这些他自己都不信的鬼话。

A：我不信科尔内·乔伊斯 ③ 竟能凭一己之力从军营里带出足足1000兵士去接国王，而且总司令、副司令（指克伦威尔）以及全体将士却毫无察觉。说国王是自愿与他们一起，更是此地无银三百两，

---

① adjutators，与 agitators 同义，The Agitators 专指新模范军中的士兵代表。——译者注

② 指费尔法克斯。——译者注

③ Cornet George Joyce，当时新模范军的一名军官，1647 年 6 月，乔伊斯带人将查理一世从国会控制的霍登比宫移至费尔法克斯的司令部，此举标志着国会势力的衰弱与军方的崛起。——译者注

陛下才不会特地对议会讲这些。

B：叛徒居然让叛徒给算计了：先是议会背叛了国王，然后军队又背叛了议会。

A：这是克伦威尔对议会使的第一个阴谋，他觉得自己胜券在握，公开宣称："议会进了我的口袋了"，事实上不但是议会，整个伦敦也尽在他掌握之中。由于有传闻称军队正在向伦敦进发，议会与城市于是都陷入了恐慌。

同时，国王被从一个地方带到另一个地方，这多少有些炫耀的味道，后来他被安置在汉普顿宫。不过与在议会的委员手中时相比，他至少要自由许多，也更受尊重，他的个人牧师能陪着他，子女与朋友也能探望他。更重要的是，克伦威尔对其毕恭毕敬，且非常正式而热情地向他保证，要恢复他的权利以挫败议会。

B：他如何能夸下这等海口？

A：他自然是不确定的。但可知他已决意进军伦敦，压迫议会，再度拥立国王（如此他可位极人臣，只一人之下），不过若是他看到了希望，觉得有罢黜国王、自己做老大的可能，他是会去做的——事实早已证明。

B：克伦威尔欲镇压议会与伦敦，可他能指望国王如何帮助他？

A：他若公然宣称愿襄助国王，那么王党人士势必心向于他，自国王遭此大难，同情国王者与日俱增，数量较之以往更甚。在议会之中，也有不少成员发觉自己的某些同僚包藏祸心：许多人履行公职却夹杂私心。他们对国王的同情已普遍转为一种对议会的愤慨。倘若军队能提供保护，这些人便可渐成气候，届时克伦威尔大事可期，只在国王一人之下，而在万人之上。但种种迹象表明，他还是想先试试水：若离了国王，他能做到何种地步。倘使他一人便足够成事，那大可将国王甩开。

B：议会与伦敦要如何对抗军队？

A：首先，议会明令总司令交还国王于委员会。军方没有回应这个要求，反而给议会送来几款条约，并且还对十一名议会成员提出了指控，这些人都是长老派的活跃分子。那些条款如下：1.议会应当颁布法令，厉行约束，主动将不胜任者清出议会；2.从前倒行逆施，误国误民之举，今后断不可再效仿；3.本届议会何时闭幕，当拿出一个具体的日期；4.议会从全国所征得之钱款，数额巨大，其中支出来往，应当列出明细；5.凡所指控之十一人，应立即停职。这些条款无异为一记重击。议会没作任何答复，但关于那十一人停职的事情，他们宣称，此事法理不明，无凭无据，恕难从命——但他们对待坎特伯雷大主教与斯特拉福德伯爵尚且如此，这样宣称恰如不打自招。

议会现在有些怕了，国王也有了些底气，克伦威尔现下接管了伦敦，要求议会将市内民团的指挥权交予其他人。

B：其他人？我不太懂您的意思。

A：我刚刚告诉过你，在 5 月 4 日的时候，市长与其他一些市民组成的委员会接管了民团，而现在掌管民团的则是亲军方的人士。现在我要告诉你的是，到 7 月 26 日，一大群学徒与退伍士兵暴力冲击议会，要求将民团置留于市民中间。两名演讲者与数名议会成员于是逃入军营，战争委员会邀请他们加入，他们欣然应允，仿佛战争委员会形同议会。没有了那些市民的威胁，他们便可以顺利拉走民团，将之交予 7 月 26 日逃出来的那帮人手中。

B：伦敦市对此有何声明？

Ⓐ：伦敦人积极备战。他们构筑防线，并组织起一支由至勇之士组成的武装，又任命令行禁止、忠于职守且求战心切之人做军官。

士兵们于是被卷入了托马斯·费尔法克斯阁下、议会与军方三者之间的存亡之争。

B：这下好了。他们这是在效仿议会曾经的所作所为，正是议会率先武装对抗国王，说什么"王在议会"，将自己标榜为国王和议会。军方现在如法炮制，对议会开战，又宣称自己才是议会和军队，只是军方现在底气更足。自打议会"进了克伦威尔的口袋"，那可就是货真价实的"枪杆子里出议会"了。

Ⓐ：他们还发布了一篇宣言，解释自己为何进军伦敦，他们在其中称自己乃议会之仲裁者，有责任判断何人可担负社稷重任，军方亦不再称议会为议会，只叫他们是"威斯敏斯特的先生们"。自 7 月 26 日骚乱之后，军方宣布不再承认现有议会为合法议会。同时，他们致信伦敦市长与市议员，指责二者"引起骚乱"，又斥他们为"和平之敌，对议会怀有二心，想来既不爱议会，更不知自爱，现责令交出城市控制权——由此之故，军队现已启程赴京，尔等自当好自为之"。总司令亦向京畿周边发出召令，命各郡精兵起而响应。

B：各郡精兵按制可在总司令麾下？

Ⓐ：不，总司令既不支饷于斯，亦不可未经议会允许而号令之。但试想一支军队若凌驾国家诸法之上，又有何事不可为？军队后进至豪恩斯洛宫，此地去伦敦不足十英里，市议员们于是集合起来商讨对

策。伦敦方面的军官与士兵整装待发，战意正昂。但一个负责萨瑟克区防务的军官叛变，放了一小队敌军进来，这一队人随后直趋伦敦桥大门。伦敦的"头脑"——市议院就这样落入敌手，被迫投降并接受以下条件：交出民团；交出十一人；交出要塞与防线阵地，并连同伦敦塔及其中军火武备一并交予军方；解散其手下军队，并遣返所有埃塞克斯的复员老兵；另须撤去议会的守卫。诸事妥当，军队终于耀武扬威地穿过伦敦市的主要街道。

B：这就奇怪了，市长与市议员本手握重兵，却迅速屈服。他们为何不召自己的党羽来打退桥上那一撮敌人？敌人只有那么一些，可附近全是他们自己的人啊。

Ⓐ：这事我也解释不清——但要我看，他们要是真这么做了才奇怪呢。富人靠制造业与商业发财，我觉得他们中的大多数人除了眼前利益什么都看不见，至于那些并不从事该类行业者，则跟瞎子没什么区别，被欺负了也只会站在一旁目瞪口呆。如果他们早能明白将自己的财富置于合法主权者的保护之下是多么明智，他们也就不会去支持议会了，我们也就不用打仗了。市长与市议员确信只要投降便可以保住自己的钱财，但若真要拼个鱼死网破，那就不好说了，所以我才说这是他们最明智的选择。议会的骨头也不会比伦敦市硬到哪里去。随后，在8月6日，之前逃亡的演讲者与议员回到了议会大厦，还有一大队的士兵护卫着，并且把占据着他们原本席位的人赶了下去。于是他们不仅在会上感谢了总司令，还为此定了个感恩节。不久之后，他们又授予他全英武装力量大元帅与伦敦塔守卫的称号。但实际上克伦威尔才是这一切的实际受益者，这就好比克伦威尔拿着托马斯·费尔

法克斯阁下的钱财在外挥霍。因为独立派很快就切断了整条防线，伦敦、威斯敏斯特以及萨瑟克区成建制的民团被打散，所有城镇与要塞的守将，不论其是否为议会正式委任，凡不与独立派一心者皆撤换之，代之以独立派。他们还要求议会将 7 月 26 日至 8 月 6 日之间通过的所有法令统统宣布无效，并把一些贵族与市民中的头面人物关进监狱，其中就有伦敦市长。

B：克伦威尔现在有足够的实力恢复国王的地位了。他为何不做？

Ⓐ：他的最终目的是取代国王。恢复国王原本只是他手里留着用来制衡议会的底牌，现在国王对他来说不仅已经无用，反而是个障碍。把国王留在军中是个麻烦，把他交给长老派更是万万不可，偷偷把他杀了也不行——此举何等骇人暂且不论，他现在不过是个副将，弑君必使其见恶于天下，实在不是远谋之计。想来最好的办法就是故意让国王从汉普顿宫（此地离议会太近）出逃，然后他一定会想着远走海外。须知克伦威尔虽在议会中有众多党羽，但此时他们仍未能洞穿其狼子野心，倘若过早暴露，他们必将群起而攻之。为让国王心生出走之意，克伦威尔指示国王身边看守向他透露消息：那些煽动分子正阴谋害他。同时又四处散播此类谣言，而这些谣言总归会传到国王耳朵里，添上几分可信度。

于是在一个风雨晦暗之夜，守卫刻意离岗，国王离开汉普顿宫，去了南安普顿的海边，原本说好有一条船来载他，但没来。国王于是被迫将自己托付于怀特岛的镇守——哈蒙德上校，希望他能心存一丝善意，毕竟上校的兄弟——哈蒙德博士是国王最宠爱的私人牧师。但国王想错了，上校立即致信他在议会的主子们，请示如何处置此事。

国王到访怀特岛大概不是克伦威尔计划的一部分，他事先也算不准国王打算去哪，走哪条路，而船只若能及时到达指定地点，哈蒙德似也无从知晓此事。

B：倘若国王成功逃往法兰西，法国人又出兵助其复国，那克伦威尔以及国王所有敌人的阴谋岂不是全都要泡汤？

Ⓐ：是，这很有可能，就像他们后来帮助了国王的儿子，也就是当今吾辈之至高主权者。当时距他逃出克伦威尔之手去法国已有两年。

B：古往今来，凡是王公贵族治理的大国，皆互为唇齿之势，断不会资助邻国叛乱，尤其是当这叛乱是要推翻君主制本身。他们尤应首先结成一个同盟以反对叛乱以及（若其恶果已无法补救）叛乱之后发生的一切，为彼此而战。若不是布道内容变得更通俗，颠覆基督教国家主权的事是断不会发生的，只因内战、犯上乃至弑君竟经常缘起于对一段《圣经》经文的解释，而《圣经》却有希伯来语、希腊语及拉丁语诸本，于是莫衷一是。若有心与这些神学辩手交流，则会发现竟无一人能于身涉重大事务时谨守审慎之德，战时如此，和平时亦是如此。尽管唯有每一个人表达自己的同意之后，主权者才被确授为主权者，但此举并非出于主权者的权利，而是作为臣民确有必要服从。①看看那些牧师，才刚刚宣誓效忠，转过身便在讲坛上大呼"回家去吧，以色列人啊！（To your tents, O Israel!）"②这样做有什么好？若只凭着自己的思考，普通民众是判断不清是非的，需要有人教导他们为何肩

---

① 霍布斯此处意在说明问题关键不是主权者有权行事，而是臣民须为自己计，唯有服从才能避免灾祸临头。——译者注
② 出自《旧约·列王纪上》十二16，指以色列人不服从大卫王一事。——译者注

负责任，又为何一旦忤逆合法主权者，则灾祸总在旦夕间。恰恰相反的是，这些逆贼在讲坛上鼓吹造反，只要不做他们禁止的事，只要不违背他们的意愿，其他什么事都算不上罪孽。——但是现在国王既已成了议会阶下囚，长老派为何不助其复国？这样也有利于他们自己。

Ⓐ：当时议会中的长老派依然多于独立派，若是他们没被不可理喻且近乎癫狂的野心蒙了双眼，他们本可从国王处得到他们想要的，国王也能活下来。他们给他四条提议，要他签署通过，好作为议会法案颁行。他们告诉他，只要答应这四条，他们愿意派出委员会与他就任何其他条件进行谈判。

提议如下：其一，议会应掌握民团，以及为维持民团所必须之征税权力，以 20 年为限。期满之后，两权交还国王，但若议会认为此举不利国家安全，则例外。

B：这第一款就夺了国王的兵权，也就永远夺了整个主权。

Ⓐ：其二，国王应认可议会反对他的种种行为，并作废此前所发布任何反对议会之宣言①。

B：这是要给他扣上战争罪魁的帽子，所有的流血牺牲全都成了他的责任。

Ⓐ：其三，凡自国王于 1642 年 5 月带走国玺之后其所授封之头衔，一律剥夺。

其四，议会可自行决定何时何地休会。

国王没同意这四条，他有他的原因。但他提出了自己的条件，内

_____

① 此处"反对议会之宣言"原为"反对议会之誓言与宣言"，霍布斯在手稿中删去了"誓言"一词。

容对议会来说依然是十分有利的，并且为着王国的安宁计，他还希望与议会达成一项个人协议。但议会为达目的，断然拒绝了国王的条件，他们投票决定不再与国王进行协商，也不再接受国王来信——他们已决心抛开国王治理国事。议会做此决定，部分是由于下院中的军方人士从中鼓动恐吓，其中有一个人提出了这三条建议：1.把国王关进某个内陆城堡严加看管；2.着手草拟条款，控告国王；3.置国王于不顾，定国无须国王。

另一人说：国王否认前述四条，无异于拒绝保护其臣民，于是臣民自可拒绝他的统治。又补充道：军队绝不会背叛议会，除非议会背叛军队在先。这便是在威胁议会。

最后克伦威尔自己也发了言：如今议会肩负众望，理应为国家之治乱安危挺身而出，万不可再将人民康乐寄托于一天性铁石心肠之人的手中。切勿让彼忠心保卫议会之士从此独自承受仇敌怒火，届时其必将另寻出路而保全自身。这又是在威胁，而且当他说这些话的时候，他的手一直放在佩剑上。

于是"拒绝沟通"被写进了法案——议会后来想反悔，但克伦威尔不准他们食言。

苏格兰人对此有些不悦，一是看见他们的长老派同党在英格兰严重失势，二是他们原本是将国王卖到了这些同党手中的。

国王公开发布了一份言辞激烈的抗议，抱怨自己受到了人民的粗暴对待。此举虽说让国王获得不少同情，但人民并不打算起而拥护他。

B：您难道不觉得此刻正是克伦威尔上位的绝好时机吗？

A：还远着呢。他面前还有许多障碍。他还不是军队的总司令。

军队也还是愿意为议会而战。伦敦市对他们的民团十分不满。苏格兰人想用武力把国王救出来。克伦威尔手下那些宣传官都是平等派，痛恨君主制，觉得自己既然已经帮克伦威尔拿下了议会，便断然不会助他称王，正所谓请神容易送神难。所以，在克伦威尔正式让自己成为君主之前，他还有如下问题须克服：1. 成为总司令；2. 排除国王；3. 镇压任何可能的暴动；4. 对抗苏格兰人；最后，还要解散现存议会。这些问题十分棘手，他也不能保证自己绝对能克服之。故而我认为他原本并不敢奢望至尊之位，但后来他随波逐流，投靠大党，由此逐渐得势，加之一路运气甚佳，情势终于发展至此。

B：议会比那些奸邪小人更加愚蠢，他们连军队都控制不住，就敢抛弃国王。

A：1648 年初，议会任命彭布罗克伯爵菲利浦 [1] 出任牛津大学校长，意在整肃大学，同行者都是与他一样通晓神学的博士。于是他们清除了所有异己者以及先前批准应用公祷书的人士，同样被驱逐的也有许多早就遭人唾弃的牧师和学者（就是那些一般嘴上不敬神者，满口诳语者，又或是常与风尘女子厮混者）。单这最后一条，我认为值得称道。

B：我不这么认为。只因某人跛足，便将之逐出医院——这种虔诚也太另类了。要让一个人学会敬神，改正自己的错误，最好的办法不恰恰是在大学里让其接受指导吗？

---

[1] 第四代彭布罗克伯爵菲利浦·赫伯特，议会军攻下牛津后任牛津大学校长，负责执行议会整肃牛津的法令，在任期间不但强迫所有牛津教员服从"神圣盟约"，而且撤换掉了多名学院院长。

A：可能吧，只是议会另有考虑。我就经常听见家长们抱怨，说他们的孩子在学校染上了酗酒、纵欲、赌博以及随之而来的其他恶习。那些导师大多比年轻学生长不了几岁，若非上梁不正，则歪风邪气不至波及甚广。故而我认为至少在引导学生走上正途方面，大学机构并无太多让议会尊敬之处。虽说确有些人学有所成，成为知上进、懂自制的人，而有些人被父母送进学校，纯粹因为父母觉得在家中管着他们是件麻烦事，毕竟这个年龄段的孩子是最不好管教的。我也不觉得议会偏偏会只关注神职人员多一些。但大学对神职人员来说绝对是个理想的舞台，神职人员倘若不受管制（任凭其在信条问题上大肆争吵，任凭他们的纠纷公开传播），则国家很快就会陷入党争。

B：但放眼世界上任何其他地区，哲学与其他人文科学无不备受推崇。大学校园不正是习得此类学问的最好去处吗？

A：哪有其他科学？神学家不是把所有公民哲学与道德哲学都糅进了他们自己的神学里了吗？至于自然哲学，不也被从牛津和剑桥逐去了伦敦的格雷沙姆学院 ①，最后只能从报纸上窥见一二吗？我看我们有些离题了。

B：确实不见了其他科学。我们着实是离主题太远了。请您随意，让我们回到国家事务上吧。

A：第一场叛乱——或者用骚乱形容更合适些——是 4 月 9 日由学徒们发起的。此事与国王无关，当时在莫菲尔德有一场按例举行的庆典，学徒们正在庆祝，一些激进的正规军军官本想用武力驱散他们，

---

① Gresham College 坐落于伦敦市中心的霍尔本区，由托马斯·格雷沙姆于 1597 年建立。——译者注

可自己反倒挨了顿石子。学徒们缴了军官们的旗子之后，便走上了街头，市长吓得躲回了官邸。他们随后在市长官邸里找到一门大炮，命名为"公鸭"。接着他们在好些大门边都布置了岗哨，就这么大摇大摆地晃荡了一整天，着实可笑。但第二天，总司令就亲自带兵入城，迅速驱散了他们。此事只是个小插曲，但足见议会仍然受人民爱戴。

接下来，韦尔奇也举兵起事。在威尔士，有三个之前为议会效力的上校，叫兰霍恩、波伊尔和鲍威尔，现在却被勒令退役——于是他们便不乐意了，反而纠集了更多人手，公开宣布效忠于国王。他们大约有 8000 人。

大约同时，威尔士爆发了另一场叛乱，一支由尼古拉斯·科密什先生领导，另一支由约翰·欧文先生领导。全威尔士都在反对议会，但所有的反抗都在一个月内被克伦威尔及其手下的军官镇压下去了。但双方流血冲突并不多。

B：这些失败者真是一点都不值得同情，他们只不过是打着国王的旗号表达自己的不满。

A：随后，萨里郡的一些人向议会递交了一份请愿书，要求国王与议会之间达成和约，但他们的请愿团又被威斯敏斯特和城内的驻防军赶了回去。肯特郡的人本打算也递一份差不多的请愿书上去，看到萨里郡的人被赶了回去，便把请愿书扔了，拿起了武器。他们有众多英勇的军官，还有诺威奇伯爵作统帅，学徒和遣散老兵也在不断加入他们。于是议会便盘算着等费尔法克斯离城出征，就可以让自己的民团重掌伦敦，同时控制泰晤士河两岸。

B：然后，伦敦人应该就可以迅速而轻易地控制住议会，接下来就是费尔法克斯的 8000 人，最后是克伦威尔的人。或者，至少可以让苏格兰军队乘乱杀到伦敦。

（A）：确实，但伦敦方面行事远不够果决，他们和苏格兰人都只想着让国王在己方的控制下，而不是让国王来领导他们。费尔法克斯带着 8000 人镇压王党，先于梅德斯通击溃其一部，余部仍据守着肯特郡其他要地。于是诺威奇伯爵率军前往布莱克希思，并致信该城，请准假道通过，以便与在埃塞克斯举事的查尔斯·卢卡斯阁下与乔治·莱尔阁下汇合，但被拒绝，于是他手下绝大部分的肯特人都弃他而去。他率领不到 500 人的残部渡过泰晤士河，先是到了狗岛，后去了博威，最后到科尔切斯特。费尔法克斯获悉其动向，于格雷夫森德渡过泰晤士河，赶上伯爵，将其部困于科尔切斯特。除了一道胸墙之外，城镇没有任何工事，但他们仍然打算坚持两个月，以期苏格兰军队前来救援。当苏格兰人战败的消息传来之后，他们才被迫投降。诺威奇伯爵于是被押往伦敦囚禁。查尔斯·卢卡斯阁下与乔治·莱尔阁下则死于流弹。其实还有另一场小叛乱，是由霍兰德伯爵于金斯顿发动的，但很快也被镇压下去，他本人亦被囚禁。

B：苏格兰人为何败得如此之快？

（A）：（就像我刚才说的）全是因为想逞领袖之快。苏格兰军队是被汉密尔顿公爵率领的，此人之前一直被囚于潘登尼斯堡，当议会军占领该地之后，他就被放走了。此时他麾下有步骑 15000 人，再加上汇合进来的 3000 英格兰王党。克伦威尔闻讯领步骑 11000 人出威尔士，进抵兰开夏的普雷斯顿附近，用了不到两个小时就击败了对方。只因为想自己做老大，苏格兰军队被命令不准全力以赴，也不准去救援他

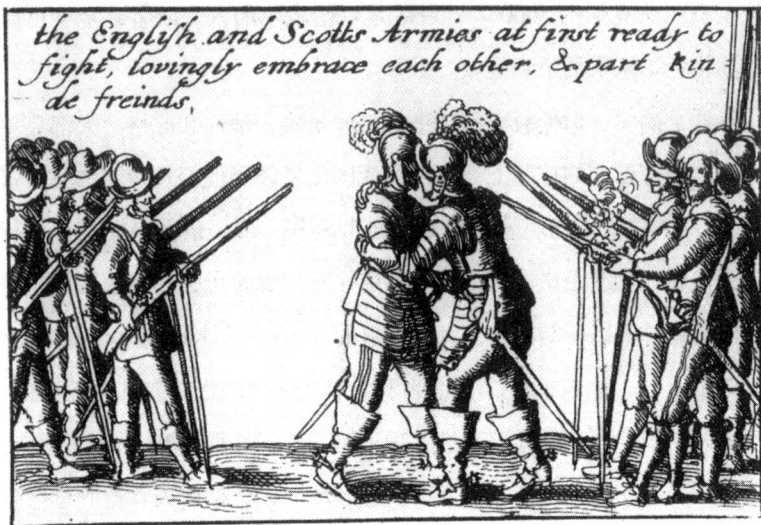

the English and Scotts Armies at first ready to
fight, lovingly embrace each other, & part kin
de freinds.

第一次英国内战（1642–1646）期间，苏格兰"盟约派"与英格兰议会决定携起手来对付自己共同的敌人查理一世，但在随后的第二次内战（1648）中，双方反目，苏格兰人选择支持查理一世。

们的英格兰同伴。战败之后，他们无路可逃，只好冲入英格兰境内。克伦威尔追亡逐北，苏格兰人几乎全军被俘，一败涂地，极少数后来逃回家的，有很多连自己的佩剑都丢了。汉密尔顿公爵也被俘虏，不久之后也被送去了伦敦。但克伦威尔直抵爱丁堡城下，在那些反汉密尔顿的党派的帮助下，他得到保证，苏格兰绝不会来妨碍他的计划——而这个计划的第一步便是借议会之手害国王性命。

正当北方发生上述事件时，议会（在克伦威尔外出的情况下）自作主张，撤销了先前"拒绝沟通"的投票结果，给国王提了新的条件，这次的要比之前更缓和些（虽然不是很多）。国王回应了他们，于是他们派了一队委员去到怀特岛的新港与他谈判。但他们竟和国王在某些鸡毛蒜皮的事情上扯皮甚久，于是他们什么也没谈成，而克伦威尔却已经回到伦敦——他此番已是为毁灭国王而来。军队现在完全效忠于克伦威尔，宣传官们再次活动起来，他们向下院递交了一份抗议书，其中要求：1. 国王应受到审判；2. 王子与约克公爵应于指定日期现身，受到妥善的对待，待遇以他们自觉满意为佳；3. 议会应着手恢复和平并选出未来的政府，之后应就自身履职确定一个合理的任期，并确保未来议会或每年召开一届，或两年一届；4. 处决国王一党的所有主要人物。此事应交由下院与忠心共鉴者一同执行。他们可不愿傻等着议会给答复，而是立马在下院门口布置了一队守卫，还在威斯敏斯特宫里安排了士兵，除了军方自己的人，任何人皆不得进入。不与军方同心者要么被逐走，要么被囚禁起来，争吵于是也都停止了。这些被清除的议员当中，有约九十人是因对向苏格兰人开战议案放弃投票权；至于其他的，则是由于投票支持撤销"拒绝沟通"法案。剩下的议员便组成了一个克伦威尔控制下的议会。伦敦的狂热分子也在军方的支持下活动起来，组织起一个新的民众委员会，规定只要有任何四十个成员的意见一致，便可以越过市长行事。于是他们做的第一件事就是鼓捣出一份请愿书，要求审判国王，伦敦市长蒂科伯恩（鼓动市民弑君的罪魁）将请愿书呈给了议会。

与此同时，国王被以同样粗暴的方式从怀特岛的新港带到了赫斯特堡，他在那里一直待到对他的审判准备就绪为止。（为了防止有人在之后的审判中作伪证）议会同时颁布了一道法令，公开宣布先前对主权者的效忠誓言无效，紧接着又提出审判国王的法令。

B：我可从没听过这种法律，所有人原是分别发誓的，现在只消大家聚在一起，说我们大家都想取消，于是这誓言竟能这样被取消了。

A：原本拟议中的法案，竟只在三读之后便进行表决，"全英之贵族与平民代表，今分聚两堂，合而为一，现昭告领内，根据国家之基本法律，英格兰国王对议会施加战争之行为，是为叛国"。投票结果随后呈予上院。上院否决了这项决议，下院沸腾，再次进行投票。"无论上院同意与否，所有委员会成员均应执行并继续执行任何议会法令。信奉上帝之人民乃所有正当权力之来源。下院享有国家至高权力，凡下院颁行，皆为律法。"上述决议被"全体一致通过"了。

B：这些条款不仅是在挑战英格兰国王，更是在挑战全世界的国王——他们最好考虑清楚这一点。不过，我确实同意在上帝庇佑之下，人民乃万法之源。

A：但人民早已同意并发誓将国家至高之权力交予国王之手，世代如此，历久弥新，传至这一位国王手中仍然如此，他仍是他们已知的合法的主权者。①

B：但议会难道没有代表人民吗？

A：在个别的事情上，确实代表了。当人民陷于困苦，他们可委托议会向国王递交请愿。但其中却绝不能对国王权力本身表达不满。而且，只有当国王召集他们的时候，他们才代表了人民。实在无法想象国王召集议会竟是为了罢黜自己。设想，现在所有的郡与市镇出于

———————————

① 霍布斯将原文中的"主权者"改为了"继承者"。

自愿，都须捐一笔钱给这个议会。于是每一个郡都在自己的郡法院或是其他什么地方开会，每一座市镇都在自己的市政厅开会，这样选出几个合适的人，带着他们各自的捐款分别去往议会。这些被选出来的人不正是代表着整个国家吗？

B：是的，毫无疑问。

Ⓐ：倘若你告诉议会其代表职责不过如此，你觉得他们能接受吗？

B：他们当然不会接受，但要我说就该这样。

Ⓐ：颁布出来的这道法案首先包含了一份对国王罪行的指控汇总，大意如此：除去其前任历代国王对人民自由所行的侵犯不论，他企图建立一个专制政府，又为了达到此目的，他掀起并使国家陷入内战，意在消灭议会，最后致使国家满目疮痍，公共财富付诸东流，成千上万人死于非命，还有无数其他伤害。其次，宣布要组织一个最高法院，也即选出一定数量的委员，委员中每任意二十名都有权审判国王，所作之判决应以社稷为重，且宜立即执行之。

1月20日，也就是星期六，所有委员聚集于威斯敏斯特大厅内，国王被带到他们面前。他坐在椅子上听完了对他的所有指控，但拒绝为自己作任何辩护，也不承认自己有罪无罪——除非有谁能告诉他到底是何种合法权威能将他送上被告席。委员长告诉他是议会自己赋予了自己权威，国王依然拒绝为自己辩护。尽管他与委员长之间还发生了许多对话，但大体不离此意。

到了星期一，也就是1月22日，法院再度开庭。律师恐吓国王，若是他仍坚持拒绝承认法庭权威，便可视其对所有指控皆"形同承认"（pro confesso）——但国王依旧否认他们的权威。

1 月 23 日，再次开庭，律师终于向法庭提起了诉讼，并要求国王给出其最终答复。国王还是否认了他们的权威。

最终，1 月 27 日开庭时，国王表示希望能在绘厅 ① 里当着上下两院的面讲话，并保证那之后一定会服从法院的判决。委员们休庭半小时进行考虑，之后重新传唤国王上庭，并告诉他这种请求不过是再度否认了法庭的管辖权，如果他再没有其他要说的，审判将继续进行。然后国王回答他已没有什么要说的了，于是委员长发表了一段长长的演讲，为议会的行为进行了辩护，还列举了许多古今中外的成例，尽是那些邪恶的议会如何杀死或罢黜国王之类。② 他试图证明的所有事情全都来自于这样一条原则：人民拥有至高的权力，而且议会即是人民。演讲结束之后，他宣读了死刑判决。同样的情形在 1 月 30 日的星期四再度发生，当天，国王被押往白厅门口行刑。他说他只是遗憾不能在将来的编年史里读到他是如何在宣判和行刑之间被邪恶的士兵利用的，而史书终将记录下这个王国中存在过的勇气、坚忍、智慧以及善良，而那个邪恶议会的成员们终将被钉上暴君、叛徒与凶手的标签。

国王死了，议会在同一天通过了一项法案：鉴于有人可能以多种借口要求王位，云云，现由本届议会颁行本法案并赋予其权威，此后任何人不得擅自以宣布、声明、出版，或任何其他形式宣扬由查理·斯图亚特，即前英格兰国王查理之子——威尔士亲王，或其他任何个人，

---

① Painted Chamber 位于威斯敏斯特宫内，包括议会开幕之内的许多重要国家仪式都在其中举行。——译者注

② 审判委员会征引成例，证明议会审判国王合理合法，有例可寻，"邪恶"一词应当是霍布斯自己所加，意在讽刺。——译者注

继承英格兰或爱尔兰之王位，等等。

B：国王死了，他的继承者也被排除，可还有公共权威能保障和平？

Ⓐ：下院早就对上院心怀不满，之前就已宣称下院才是国家至高权力之所在，现在，也即 3 月 5 日当天，他们更是直接投票认定上院乃无用而危险之机构。于是王国现在转变为民主制，但实际上用寡头制形容更合适，因为他们紧接着颁布了另一项法案：那些因投票反对"拒绝沟通"而被除名的议员，今后亦不再录用。这些人后来被统称为"被隔绝者"（the secluded members）。余下的议员勉强组成了一个议会，世人称之为"残缺议会"（the Rump）。

我想你现在已洞悉所有不仁不义与无法无天之行为，当然，还有"长期议会"里绝大多数人的愚蠢。无论哪一条都能算得上是世界之最了。你看可有比长老派议员与牧师的反宗教、伪善、贪婪与残忍更加不仁不义的吗？可有比亵渎甚至杀死受到祝圣的国王更加无法无天的吗？虽然杀死国王的是独立派，但正是这些首先举起叛旗的愚蠢的长老派把国王出卖给了凶手。贵族们也蠢得无可救药，殊不知如果夺走了国王的权力，他们自己的特权也将朝夕不保。更有贵族自认为无论在人数还是在司法方面，上院都应尽力襄助下院。那些人号称精通法律，却理解能力低下，竟无法察觉国家之法律之所以由国王制定，乃是为了强迫他的臣民享有和平与正义，而国王自己是断然不能服从自己所立之法的。① 最后也是最多的一种人：他们把但凡对他们有好处的东西统统推倒，却不能在原地树立一个更好的替代品——所有这类人都是蠢蛋。靠军队建立起来的民主，必然也要靠军队来维持它，这些人这么做了，然后军队推翻了民主。我个人还想在上述愚行中再添上一种：那些知识分子只读了塔里、塞内卡或者其他反君权主义者的著作，就自以为是优秀的政治家了，只因其未能被应征与闻国事，便满肚牢骚，大肆抱怨，于是他们幻想自己其实是被国王或者国王的敌人所怠慢，便愤而转投另一派。

---

① 按照霍布斯的理论，人之所以从无序的自然状态中走向国家，乃是因为每一个人将自己在自然中专断且不受限制的权利抛弃，同意建立一个契约，由最高主权者进行统治，而主权者为了维持国家内部和平，就必须拥有专断而不受限制的绝对权力，这就意味着只有主权者一个人被留在了孤独的自然状态中，主权者与人民处于两种状态，约束后者的法律便不可能约束前者，因为在自然状态中，约束自己与自杀无异。又因为人类在自然状态中时刻处于所有人对所有人的战争中，所以主权者的首要任务就是要"强迫"人们停止敌对，以绝对专制之权力令所有人臣服于自己，以此保证国家安宁，唯有这样人们才不至死于自相残杀。正因为在自然状态中，"战争"才是常态，才是人的本性，所以主权者才需有足够的力量压制住人的本性，强迫臣民享受和平——即和平是非自然的，是强迫来的。——译者注

对话 4

Ⓐ：你已经知道了残缺议会（自以为）如今掌握着英格兰与爱尔兰两国的至高权力，军队则充当其打手。但克伦威尔心中另有打算，表面上勤勤恳恳侍奉他们，实则因乘便利，为己牟利。所以我现在打算向你讲述他们的事情。

Ⓑ：首先请告诉我一件事：该如何称呼这样一种在下院的废墟上建立起来的、被残缺议会所统治的政府？

Ⓐ：毫无疑问，是一个寡头政府。因为至高权威只能掌握在一人或多人的手里。若是一人，则是君主制——所以残缺议会不能算君主。权威若是在多人之手，要么是由全体掌握，要么由少于全体者掌握。当由全体掌握时，这是民主制，所有人聚集起来便组成最高法庭，但此事在英国无法实现。所以显而易见，权威在少数人手里，国家也只能是寡头制。

Ⓑ：难道一个人非得由许多主子管着才更好吗？

Ⓐ：无论是残缺议会还是所有其他的主权集合体，尽管都是由许多人组成的，但若是能团结一心，口径一致，仍不失为一人。意见相左便不能团结，亦不能发出同一声音，须知所谓同一声音乃出于绝对多数人之共见。故而若组成集合体者自身诚实睿智，则由他们来治理

便是好的。

残缺议会颁布的第一道法案便是要清洗下院，排除异己，先前为了取得审判国王的一纸法令，有一批议员被武力驱逐出了议会。我说过这些议员曾明确反对"拒绝沟通"法令，故而被驱逐，那么为残缺议会长远计，这些议员也可能是块绊脚石。

B：既为寡头权威，那人数自然越少越好，他们既要考虑如何获得权力，又要计较其中所有人是不是都获得了国王般的优越感——是这样吗？

Ⓐ：当然如此，他们本就志在于此。

B：既然这些人被排除了，为什么各郡与自治市镇没有另选其他的人补缺？

Ⓐ：没有议会的命令，他们不得这么做。

此事之后，他们组织了一个四十人的委员会，自称为国务院，专司执行残缺议会之命令。

B：没有国王，也没有上院，他们岂可自称议会？所谓议会，乃是国王、贵族与平民共聚一堂，会同协商，议定国是。现在没了国王与上院，残缺议会能找谁协商？

Ⓐ：人们愿意给自己的集会起什么名字都可以，而且随便这个名字之前就被赋予过什么内涵。残缺议会给自己冠上议会的名字①，恰也符合其目的，议会之名毕竟让人民肃然起敬，数百年间，补助金与各项征敛皆自议会出，只因议会征敛总让人稍感温和，而其他征敛却

① 霍布斯在本书中称呼"残缺议会"一律用"Rump"，而不用"Rump Parliament"。——译者注

总让人心生厌恶。他们还给自己取了另一个名字："英吉利自由卫士（Custodes Libertatis Anglia）"，不过他们只在法院发布的令状中使用这个头衔。

B：同样是被法律所管辖，我实在不懂国民何以在某种形式的政府下能享有的自由比之另一种形式更充分。

Ⓐ：那不重要，有人认为遵循他们（指残缺议会）的指示去做事，便是自由的——照此解，这个头衔还真是恰如其分。

他们下一步的工作便是发布一个公开宣言，表示自己将坚决维护国家的基本法律，并保护人民之生命、自由与财产安全。

B：他们说的国家基本法律是什么意思？

Ⓐ：除了滥用民力之外大概别无所指。因为各国所谓的基本法律其实只有一条，那便是"要遵守代代相传的法律"，而制定此代代相传之法律者，则是由人民给予了最高权力。他们谋杀了自己一贯承认的合法主权者，从今往后又如何能维持基本法律？况且，在发布这个宣言的同时，他们还组建了高等法院，处死了汉密尔顿公爵、霍兰德伯爵与卡佩尔阁下。不论他们口中的基本法律究竟指什么，组建这样一个法院对其而言就是一种违背，因为此举在英格兰既无成法可依，亦无先例辅证。

与此同时，他们还动用士兵征税，甚至允许士兵自由驻扎，还有其他种种举措，若是换作国王这么干，他们早就会嚷嚷着"侵犯臣民之自由与财产"之类的话了。

B：普通民众如今被愚弄至此，真是蠢到家了！

Ⓐ：不正是这些普通民众造成了如今的事态吗？残缺议会里所有

诡计多端的无赖并不比他们所愚弄的那些人聪明到哪里去。他们当中的绝大多数人都认为，哪怕是同一件事，但凡是由他们强加给大众的，便是正义的，是有道理的，尤其是那些夸夸其谈的演说者，竟还自认为是饱学之士。设想一个人的思想深受反君主制度者的影响，比如西塞罗、塞内卡、加图或者其他罗马政治家，又比如视国王如虎狼的亚里士多德——试问这样的人如何能安心做忠臣良民？你或许觉得一个人没有必要理解他对政府究竟负有何种责任，也无须知道这个政府又何以能有权利命令他，而只要这个人天生智力良好便可以了，但其实根本不是这样。政治是一门科学，它建立在确定而清晰的原则之上，需要深入而细致的研究方能掌握。试问谁能于议会或国家其他地方找到彼清晰之原则？或有谁能于此处寻得不可或缺之正义准则？或又有谁能凭此发现正义与和平之间必要之联系？人们每七日便可有一日闲暇，用来听人教导，牧师们受命前来教他们负起这些责任。但你想想那些牧师又是怎样履职的？他们当中的很多人都是长老派牧师，终内战全程，无不时刻挑唆人民反抗国王，独立派和其他狂热的牧师更是如此。至于剩下的牧师，则安于自己的生计，在教区内传播那些与宗教无关的争议性的观点，同时也败坏了自己的德行。倒也有过其他更有见地的观点，但人们要么听不懂，要么觉得事不关己。只是这些牧师的传道作用有限，所以也没掀起太大波澜。罪魁祸首是长老派牧师，他们凭借着久经磨炼的表演能力，卖力地宣扬叛乱。

B：此举出于何种目的？

A：为了让政府易为民治，这样教会也可照此更易，改由一大集会来治理，假以时日，（他们认为）可再让政治屈从于宗教，如此，一切便尽在他们掌握，这样不仅填补了他们对于财富的贪欲，还满足了其沽名钓誉之心，方便他们将一切胆敢对其才智不屑者排除之。你刚刚只说人民蠢，我便觉得有必要暂时离题，好告诉你，造成这些严重事态的压根不是智力的缺乏，而是对正义的科学的不了解。你换位想一想，一个刚刚发家致富的人也好，一个早已腰缠万贯的人也罢，或者一位能言善辩的演说者，或者一位受人瞩目的诗人，或者一位敏感机警的律师，又或者只是一个优秀的猎手，一个狡诈的赌徒，他们会是缺乏智力的人吗？而且会有人蠢到明明身为残缺议会的成员，却被残缺议会所骗吗？他们才不是缺乏智力，他们缺乏的是知识，他们不明白一个人为什么有权力进行统治，而其他人却有义务服从，不明白其中的道理和根据。这些根据很有必要教民众知晓，因为若是不懂这些，他们相互之间便不能长久和平地相处下去。

B：那么烦请您回到原来的话题上吧，让我们接着说残缺议会的事情。

A：这一年余下的时间里，他们投票决定给硬币铸上一个新的图案。他们还考虑向外国派驻新的大使。随后军方表扬了他们在高等法院所做的工作，并鼓励他们再接再厉，他们于是又建立了一个所谓的高等法院，用以审判汉密尔顿公爵、霍兰德伯爵、卡佩尔阁下、诺威奇伯爵，还有约翰·欧文先生——我已说过，前三位由此被斩首。此举使许多王党人士惧而出走，当时不只是他们，所有曾经向国王提供过武器装备的人都恐有性命之忧。因为军方的战争委员会已经在讨论是否要将这些人全都处死，只因最后反对方占得两票微弱优势而作罢。最后，到3月24日，他们撤了伦敦市长的职务，还罚了他2000里佛尔，剥夺了他的选举权，并将其投进伦敦塔关了两个月——只因他拒绝宣布取消王权的法案。1648 年就这么快地过去了，他们日夜期盼，向神祈祷，如今终于得偿所愿，国王死了，国王的遗产也被他们占有。但他们多番折腾下来，可谓尽失民心，如此一来便只能依靠军队支持，但军队又不在其掌握之中，而是听命于克伦威尔。克伦威尔素善投机，他总是骗他们去干那些见憎于人民的勾当，就为了方便有朝一日解散他们以实现自己的目的。

1649 年初，苏格兰人由于不满残缺议会对待先王之举，开始大举征兵，以图再度入侵英格兰。爱尔兰的叛乱也借此良机愈演愈烈。英格兰的军队都在国内，在那些宣传官的鼓动下，为如何平分天赐的土地而争吵不休，他们于是称呼自己或是随便哪个自己所中意的人为平等派。残缺议会当下手头也拿不出太多钱应对，于是首先向人民开征一笔税，每个月征收 9 万里佛尔以供养军队。

B：他们当初不正是为此才与国王发生龃龉的吗？他们说国王未经议会同意征税。

A：你尽可看看残缺议会是如何厚着脸皮自称议会的：他们说由议会所征之税向来视为由人民同意，因此合法。为了稳住苏格兰人，他们派出使者，极尽谄媚，只为让苏格兰人断绝与新王的联系，但事属徒劳。他们宣布自己绝不会听从于一个没有国王与贵族的、远在威斯敏斯特的平民议会（他们是这样称呼的）。相反，他们派了一个委员会至国王①处，告知他诸事已准备妥当：他们已计划征募一支大军，

---

① 指后来的查理二世。——译者注

不日将有步兵 17000 人，骑兵 6000 人云集麾下。

又为了平定爱尔兰，残缺议会决定从国内的军队中抽调 11 个团前往该地。这对克伦威尔来说是个良机。因为平等派的士兵现在已遍布各团，在有些团里甚至占了多数，他们本希望在国内瓜分土地，如今却要被派往爱尔兰搏命，于是断然拒绝开拔。索尔兹伯里附近的一个团甚至赶走了他们的上校，与另外三个同样不愿开拔的团汇合起来，但总司令与克伦威尔在布福德攻击并打败了他们，不久之后，整个军队就俯首帖耳了。克伦威尔前进道路上的另一个障碍就这样被拔除了。此事之后，他们经牛津回到了伦敦。在牛津，总司令与克伦威尔被呼为"内战医治者"，等他们回到伦敦时，更是受到了好一顿慰劳和嘉奖。

B：难道他们不应该首先被称为主人，而后才是医治者吗？

A：他们已经是法律与议会的主宰了。军队现已慑服，残缺议会得以顺利将那 11 个团派往爱尔兰，而指挥他们的则是"医治者"克伦威尔，他现在还冠上了爱尔兰执政官的名号，至于费尔法克斯阁下则依然是英格兰与爱尔兰的全军总司令。

奥蒙德侯爵（现在是公爵）曾是国王驻爱尔兰的总督。而此处的叛党们已经形成了一个联盟，这个联盟后来又和总督结了盟，二者达成共识，以前者之信仰自由为条件，要求他们效忠并援助国王。另外，卡斯尔黑文伯爵、克兰里卡德伯爵以及英奇昆大人的军队也加入进来，他们团结起来本可成为爱尔兰最强大的力量。但军中有一些天主教徒，无论如何不愿服从新教徒的指挥，这伙人被称为使节党（Nuntio's party），其他人则被称为同盟党。后来这些党派之间意见不合，而且同盟党又撕毁了协定。总督大人眼见他们要围攻都柏林，自己又无力组织防御，为保此地能掌握于新教徒手中，只好向英格兰的议会投降。在国王被军队扣押且在各地辗转的那段时间，侯爵一直在国王身边。后来他离开英格兰，去了王子（现在的国王）身边，尔后便住在巴黎。

再后来，同盟党惊闻残缺议会要派遣军队过来，恐惧不已，于是急忙致信王子，请求把奥蒙德大人派回来，并保证自己将完全服从于国王的权威，服从作为总督的奥蒙德大人的一切命令。这样他就回到了爱尔兰。而此时距克伦威尔远征还有约一年。

但总督回来之后，同盟党与使节党之间依旧纷争不已，依旧有人不服指挥，原本说好总督掌握全权，可他的话根本不起作用。于是在 8 月 2 日，他们在向都柏林城外突围的战斗中被彻底击败了。此时距克伦威尔登陆只过去了几天，他在爱尔兰呆了 12 个月不到，靠着异常的勤勉和恐怖的手段征服了整个国家。他先是将此地叛党消灭殆尽，然后留女婿艾尔顿在后方，自己再去收服其他地方。只是艾尔顿后来（就在工作快完成的时候）死于瘟疫。此番下来，克伦威尔离至尊之位又进了一步。

B：罗马人的知识让爱尔兰落入如此可悲的境地，恰如长老派牧师的知识亦让英格兰陷入这般境地。

A：去年年末的时候，国王从巴黎到了海牙，随后，残缺议会的大使多里斯劳斯也到了此地，他是公民法的专家，曾受命拟定了对先王的控告书。但他到的第一个晚上，还在用晚膳的时候，大约十来个勇士便冲进房间将其击杀，然后离开了。不久之后，他们派往马德里的大使阿斯克姆——也是个为他的主子辩护的家伙——也被以同样的方式杀死。这时候有两本书面世了，一本是萨尔马修斯写的，他是个长老派，在书中痛斥谋杀国王之举，另一本是弥尔顿写的，他是个英国独立派，是为了答复萨尔马修斯。

B：我读过这两本书。他们二人的拉丁文造诣都非常好，难分伯仲，但两本书的逻辑都有毛病，谁也比谁好不到哪里去，水平就像是在修辞学校里进行的辩论练习一样，两个本事相同的人，一个站正方，一个站反方——一个长老派对一个独立派恰是如此。

A：这一年，残缺议会在国内没什么作为，除了在年初的时候颁布了一个法案，宣布英格兰是一个自由国家："本法案由本届议会颁布并生效，并以议会之权威宣布，凡英格兰境内及英格兰之管辖范围与领土范围之人民，应当被视为，并确实构建、促成、宣布为一共同体与自由国家，等等。"

B：他们说的自由国家和共同体是什么意思？难不成人们从此再也不用服法律管束了吗？他们绝不可能是这个意思，因为议会正是打算用自己的法律来统治他们，还要惩罚那些胆敢破坏法律的人。又或者说他们的意思是英格兰再也不用臣服于某个外国或外来共同体的统治了？但这是一目了然的事情啊，从来没有哪个外国君王或外国人宣称自己是英格兰的主人啊。那他们到底是在说什么？

A：他们的意思是说：这个国王也好，别的国王也好，或者其他个人也好，都不能是人民的主人，只有他们自己才是人民的主人——他们得把这意思白纸黑字地写下来，反正人民先是被那些晦涩难懂的文字糊弄过，现在这些空口大白话照样能糊弄他们。

之后他们开始从王党人士那里查抄土地和财产，分给别人。他们还要让每一个人都宣誓："汝当承诺真诚且衷心拥护当下建立之英格兰之共同体，不得问国王，不得问上院。"

他们还将距伦敦 20 英里内的王党全都驱逐出去，并将他们禁锢在自己住处 5 英里以内之地。

B：他们大概希望将来杀这些人的时候方便些。但这会儿苏格兰人在干吗？

Ⓐ：他们还在组织先前答应给国王召集的军队，他们还在考虑如何从中清除掉那些曾经在先王麾下尽忠的军官，那些独立派的军官，还有那些在汉密尔顿公爵麾下指挥过的军官。上述即为是年主要之事件。

蒙特罗斯侯爵曾于 1645 年率领少数人马，在短时间内奇迹般地战胜了国王在苏格兰的敌人，现在到了 1650 年，他奉了国王之命，再度登陆苏格兰北境，国王希望他能像先王在世时那样再创佳绩。但造化弄人，苏格兰军队竟在英格兰境内向议会倒戈，他们现在不仅进入了苏格兰境内，还带来了许多（为了入侵）新募的人马。另一边，侯爵带来的本部兵马太少，还全都是外国人，高地人也没有像他预期的那样加入他。于是他很快就被打败了，爱丁堡的盟约派（多半出于险恶用心而非旧日积怨）随后将其逮捕，并在 5 月 2 日将其处死。

B：国王和这些人合作能指望有什么好结果呢？想不到这些人尚在与国王合作期间便展现出对一个忠臣如此的恶意。

Ⓐ：要不是这些蠢人没能如愿控制住本国政府，他们无疑也会（就像他们的牧师后来宣传的一样）像英格兰议会对待先王一样对待现在的国王。切勿觉得长老派就一定比独立派更良善，但凡是阻碍其野心者，他们一样会毫不留情地毁掉。但后来国王出于需要，终究还是宽

恕了包括此事在内的许多大逆之举，没有因伸张自己的权利而一究到底，也没有斩尽杀绝。

B：我坚信，倘若一个王国被卷入偿还旧债、冤冤相报的纠纷中，反倒难以抚平旧日之殇。况且，国王心中有数，当下无论哪一边得胜，于他讲其实没有损失，倒是他的敌人在相互消耗。

A：蒙特罗斯在五月被处死时，克伦威尔尚在爱尔兰，他手头的工作还没做完。但他发现——或者说他的朋友提醒他——对苏格兰人的讨伐在即，自己若能参加，想必会十分有助于其计划实现，于是他致信残缺议会，询问自己是否可以归国。尽管如此，他也深知自己压根没必要坐着干等他们答复，便径自动身，于6月6日抵达伦敦，受到了残缺议会的热烈欢迎。现在倒是费尔法克斯司令拒绝去对付他的苏格兰同胞——他是个地地道道、心口如一的长老派，长老派的牧师之前也为此事多次质问过他，所以现在残缺议会或克伦威尔无论说什么也改变不了他的心意。于是费尔法克斯辞了职，克伦威尔由此当上了全英格兰及爱尔兰武装力量的总司令。这样他离主权权力又近了一步——但还差一步，那就是控制苏格兰。6月12日，克伦威尔率步骑16000人开拔，并于7月21日到达巴威克。

B：国王现在在哪里？

A：在苏格兰，他刚到没多久。他之前在北部登陆，尽管苏格兰人与他之间还有许多问题没有达成共识，但苏格兰人还是盛情请国王移驾爱丁堡。国王早已答应了他们许多苛刻的条件，丝毫不亚于先王当时在怀特岛所做的让步，但他们竟犹嫌不足，坐地起价，国王于是忍无可忍，离开他们返回了北方。但他们派出使者跟上了他，请求他回来，只是他们给使者配备了大量的士兵，好方便万不得已时强行将国王带回。最后双方还是达成了共识。只是有一条，苏格兰方面不许国王或其他王党人士插手军队指挥。

B：总结起来就是：国王在那当了个囚徒。

Ⓐ：克伦威尔从巴威克发了一份宣言给苏格兰人，说自己无意与苏格兰人民为敌，此番只为清除蛊惑国王、扰乱两国和平之奸党，倘若协商未果，亦未能收到满盅答复，则其不介意以战争践行正义。苏格兰人做了答复，宣布：在国王承认他的宫廷与他本人之前行为的罪行之前，在让两国上帝之子民满意之前，他们绝不会服从于国王。你看看，现在国王的处境是否比其父王在英格兰长老派手里时要好呢？

B：哪里的长老派都是一个德行：他们一心想把那些但凡和自己交流过的人都纳入自己的绝对统治之下，而凡是他们统治的地方，一定都是神亲自在统治，容不得旁人说三道四，无处不是如此。但有一条我觉得很奇怪，国王竟须承担宫廷的罪行，我觉得这是所有牧师都明白的道理：人只能承认自己的罪行，而不能承担他人的罪行。

Ⓐ：国王已经答应了教会的所有要求，苏格兰于是着手进行其渴望已久的战争。克伦威尔直趋爱丁堡城下，几次三番挑衅都未能诱苏格兰人出城应战，英格兰军队补给不济，克伦威尔眼见毫无胜算，只好退至邓巴，考虑走海路还是陆路返回英格兰。倘若这位总司令就这样带着军队打道回府，他的失败一定会被夸大，他所有的荣光就将全部终结于羞愧与惩罚之中，只可惜时运和敌人的失误拯救了他。因为正当他撤退时，苏格兰军队一路尾随而至，距邓巴只有一英里之遥。此地有一道山冈，自爱丁堡出，蜿蜒而至海边，途中穿过邓巴至贝里

克的公路，交汇点位于一个名为坎帕斯贝的小村，该路段十分险要，若苏格兰人能及时派出一小队人马镇守，则可截断英格兰人归国之路。如此一来，苏格兰军队便能将主力部署于山上，既不需要主动求战，而且还能以二比一的绝对优势对阵。克伦威尔的军队尚在北面山脚，他面前还有一道宽大的沟渠（或者可以称河道）挡在他和山之间，所以他无法通过陆路退回国内，若欲从海上遁走，恐怕军队也要付出惨重的损失，而且大军此时缺乏给养，更不能在此地久留。可克伦威尔现在得知通道门户大开，无人把守，便派出一大队人马占领此地，苏格兰人此时要么让他们全身而退，要么和他们打一仗，只是他们早已夸下海口，称对方已是瓮中之鳖，因此苏格兰人派出精锐骑兵，冲击英格兰军队，使后者有所动摇。但英格兰步兵随后赶来，苏格兰骑兵于是退走，而骑兵的撤退又引起了步兵的动摇，步兵也因此溃散，苏格兰军其余的骑兵也一并溃散。苏格兰军队的指挥官愚蠢地将所有的胜机寄托在一场势均力敌的局部战斗之上，而英格兰人最终得以靠机遇取得胜利，苏格兰人被杀被俘者接近英格兰军队总数。苏格兰教会失去了所有的大炮、战利品以及辎重，其中约有一万套武器，更不用说整支军队几乎因此被葬送。残兵自莱斯利聚集退往斯特林。

B：这场胜利对国王来说倒是件好事。若是苏格兰人胜利了，两国的长老派势必又要得势，国王被苏格兰军队控制，这处境便又与当初他的父亲在纽卡斯尔一般了。而为了追求此次胜利，英格兰人反倒逼得苏格兰人愈加习惯于服从国王，有朝一日国王终究能恢复他的权利。

Ⓐ：英格兰军队乘胜追击，兵至爱丁堡城下（苏格兰军队已弃城

而走），在利斯构筑了工事，还占领了海湾边所有的要地和城堡，以打通与英格兰国内的海路联系。苏格兰的牧师们方才醒悟过来，决定重建军队，且允许部分王党人士担任指挥。后克伦威尔出爱丁堡至斯特林，欲求与敌人一战，但发觉此事太过冒进，于是又回到爱丁堡，包围了该城。同时，他派了一部人马前往苏格兰西部，打击斯特罗恩与克尔，这两位长老派的重要人物此时正在征募新军。也是这个时候，苏格兰人于斯康为国王加冕。

克伦威尔的人马在这一年余下的时光里都待在苏格兰，力图占领爱丁堡要塞，并试图穿过福斯湾或通过其他任何可能的路线打击苏格兰军队。至于苏格兰人这边，则加快了在北部征兵的步伐。

B：这段时间里，残缺议会在国内有何作为？

A：他们投票通过了非国教派信仰自由案，彻底拔除了长老派余孽。之前长老派总强迫人民接受一些莫名其妙的意见，而这些意见又总是与信仰无干，反倒只增加了长老派牧师的权势。他们还征募了更多的士兵，交给刚上任的哈里森少将指挥，他是个第五王国派。他麾下有两个骑兵团及一个步兵团全部由第五王国派与其他教派人员组成，这些士兵都十分庆幸得以从长老派的暴政中解放出来。他们还拉倒了交易所门前的国王雕像，把它放进壁龛中，下书几个大字："失道暴君，末代国王"等。

B：这样做对他们有什么好处？他们何不将其他国王的雕像一并拉倒？

A：你以为他们能从此举得到什么好处呢？他们的所作所为完全由恶意或类似的激情所致，全然没有任何理性。另外，他们还接受了葡萄牙和西班牙派来的大使，两国已经承认了他们的政权。当年快结束的时候，他们还计划向尼德兰派去大使，以争取后者的友谊。除上述之外，残缺议会还在不断逮捕和处决王党人士。

1651年初，迪恩将军到达苏格兰。4月11日，苏格兰议会召开，通过了数项法案，旨在让国人团结一致，服从国王，而国王正拥兵斯特林，大肆扩军。克伦威尔亦多番率军从爱丁堡去斯特林叫阵挑战。此地没有浅滩可供人马通过，最后还是伦敦和纽卡斯尔方面派来了运输船，奥弗顿上校（花了很长时间，一直到7月）带来了自己麾下的1400名步兵，另有一个步兵团以及四个骑兵连，都在诺斯费里的另一边扎了营。而另一边，兰伯特少将一路攻城掠地，势如破竹，斯特林方面却未能及时应对。这时约翰·布朗先生带着4500人前来打击他们，结果铩羽而归，战死2000人，被俘1600人。经此大胜，加之又有更多援军已在途中，克伦威尔于是来到圣约翰斯顿（苏格兰议会听闻克伦威尔占领了海湾，早早就搬去了邓迪），想要召集议会。但就在同一天，他收到消息，国王已从斯特林动身，南下英格兰——此事千真万确。虽然国王此时已经快他三天路程，他还是决定先拿下圣约翰斯顿，再去追国王，结果该镇在第二天便投降了。

B：国王去英格兰能干吗？那里到处是国王的敌人，压根找不到堪用的武力。

Ⓐ：还是有希望的，国王志在直取伦敦，伦敦人大都恨透了残缺议会，其中大概能凑出2万名装备精良的兵士，大多数人心向王师，只待国王兵临城下。

B：此事又有多大可能性？难道您还怀疑市长以及那些民团军官

对残缺议会的忠诚吗？如果他们真的是国王的朋友，他们干吗在伦敦干等着国王过来？若他们有心，他们早能控制住残缺议会，而残缺议会对此是一点办法都没有的，再不济，他们也能把残缺议会赶出议会宫去。

Ⓐ：他们没有做这种事，而且，与之相反，他们甘愿充当克伦威尔军队的兵源，还组织人马力拒国王归国。国王是 7 月末从斯特林动身的，中途取道卡莱尔，于 8 月 22 日到了伍斯特，他麾下有 13000 人，此时俱已疲惫不堪。克伦威尔军尾随而至，与从伍斯特周边新征的 4 万人汇合，于 9 月 3 日大败国王军队。汉密尔顿公爵——也就是先前被砍头的那位的兄弟——也殒命于此。

Ⓑ：国王怎么样了？

Ⓐ：夜色降临，伍斯特即将陷落，国王于是离开该地。到天完全黑下来的时候，也没有任何城里的敌军骑兵追赶他，因大肆掠夺的步兵之前关闭了城门，唯恐骑兵们进来与他们争抢战利品。清晨之前，国王到了沃里克郡，离伍斯特尚有 25 英里，随后他乔装易服，隐匿行踪，冒着被发现的危险四处辗转，最后从苏赛克斯的布赖特 - 亨普斯特德渡海去了法国。

Ⓑ：克伦威尔离开之后，苏格兰可曾有事？

Ⓐ：克伦威尔在此地留下蒙克中将和 7000 人的军队，中将则于 8 月 14 日迫使斯特林投降，尔后于 9 月 3 日攻陷了拒不投降的邓迪。先前苏格兰人为保安全，从爱丁堡和圣詹姆斯敦运了许多值钱的财货到邓迪，这让士兵们发了笔大财。亚伯丁和圣安德鲁斯（苏格兰的牧师最开始就是在此地学会装疯卖傻）之后也投降了。在高地，阿留雷

乔治·蒙克

乔治·蒙克于 1608 年出生于德文郡一个普通乡绅家庭，年轻时曾与郡中的官员起过冲突，因此逃去当兵。他参加过对加的斯的远征与对拉罗谢尔市的救援战，后又转战尼德兰，到最后回到英格兰时，他已官至陆军中校。主教战争时，蒙克在查理一世的军队中效力，并在纽伯恩战役中表现出色。内战爆发之后，蒙克升任陆军上校，并参与了对爱尔兰叛乱的镇压。1643 年，查理一世将派驻爱尔兰的军队调回英格兰以增援保王党，蒙克负责指挥其中一个团，但这些军队于次年被费尔法克斯打垮，蒙克本人也被俘。之后的两年蒙克在伦敦塔内度过。第一次内战结束之后，英格兰国会立即着手考虑对爱尔兰叛党的镇压，并启用了在爱尔兰有过服役经历的蒙克，而蒙克也向国会宣誓效忠。苏格兰宣布承认查理二世后，蒙克还是选择了与国会站在一边，并协助克伦威尔征服苏格兰。克伦威尔当政期间，蒙克就任苏格兰总督，前者对他十分信任。蒙克似乎是真心支持克伦威尔的统治，连查理二世的劝诱也未能动摇其忠心。克伦威尔死后，英格兰国内政局动荡，远在爱丁堡的蒙克仍然保持着观望态度，但当兰伯特宣布解散议会之后，蒙克明确表示反对，并在议会号召之下率军南下，进入伦敦，重建议会。在关键性的 1660 年，大权在握的蒙克表现出了令人惊叹的克制力与判断力，没有任何人知道蒙克的真实目的，但他劝说残缺议会解散，将议会恢复到普莱德清洗之前的状态，并一面与查理二世保持联系，接受布雷达宣言——这一切让复辟水到渠成。复辟之后，蒙克历任海军大臣与财政大臣，并于 1670 年去世。

德上校抓住了一小撮领主和士绅，其中有四名伯爵、四名领主以及约20名骑士和绅士，全都被他送去了英格兰关押。所以苏格兰此时已够不上威胁——对残缺议会来说，该解决的麻烦都解决了。最后，他们决定将苏格兰、英格兰与爱尔兰合并为一个统一国家。为此他们派了圣约翰、维恩以及其他委员去那里，向苏格兰人公布这次联合，并勒令他们选出各郡的副长官及各市镇议员，将其送往威斯敏斯特。

B：这倒是件天大的好事。

Ⓐ：我也这么觉得。只是仍有许多苏格兰人反对此举，尤其是牧师和长老派教徒。牧师们之前倒没有反对征收钱财以飨英格兰兵士，但此时却严厉禁止人们服从英格兰的委员们公布的宣言。

B：我认为，向征服者纳贡之举已是接受奴役的标志，而接受联合却是要使其自由，让其享受与英格兰人平等的特权。

Ⓐ：然而这些长老派牧师自有说辞：联合之举无疑使教会在基督之事上从此臣服于世俗国家。

B：这无疑是在向普天之下所有的国王和共和国宣告：在基督之事上，长老派牧师绝不臣服于任何统治者，至于他们究竟是何归属，须得他们自己说了算。想想我们在教皇的暴政下所经历的一切，如果这些小人从此继承了教皇的地位，除了压制众意，我们还能收获什么？他们的学识不过如此，希腊文和拉丁文只有半吊子的水平，《圣经》的经文倒是读得很熟，讲起经来倒也手舞足蹈，声情并茂，可惜他们对正义和仁慈（此乃宗教的精华）一无所知，从未实践——我所叙述的故事已经充分证明了这一点。[①] 他们压根不愿分辨谁是敬神的，谁是不敬神的，他们只想让所有人的判断都统一，只想在普通民众面前重复自己的布道。

Ⓐ：但苏格兰人即使生气也无济于事。威斯敏斯特的那帮人单方面宣布了两个王国的联合，还废除了苏格兰的君主制，而且下令惩罚那些胆敢违抗者。

Ⓑ：残缺议会在这一年里还做了什么？

Ⓐ：他们派了圣约翰和斯特里克兰作为大使去往海牙，意在与联合省缔结同盟。双方于3月3日正式会面。圣约翰在演讲中向各省代表保证这份盟约将会给予各省运用英格兰口岸与海港之便利，以此带来贸易与航海方面的实惠。尽管荷兰方面对此提案没有显示出很强烈的兴趣，但还是派了委员与他们进行谈判。但是民众普遍反对此事，还指责大使们及其随从乃是（实际上也是）叛国者和杀人犯，并在其下榻处周围引起了不小的骚乱，随从们惊惧而不敢出，直到省代表前来解围方平息了事态。残缺议会闻讯立即召回了大使。圣约翰临行前对谈判委员的一番恭维倒是值得寻味。他是这样说的：你们已看到苏格兰的事态，故而拒绝了我们提出的友谊。我向诸位保证，本来议会里的许多人都认为，在彻底解决自己和那位国王的纠葛之前，我们不应该向你们派出大使，而当诸事妥当时，他们也期望你们能派出大使。

---

① 此处原文为"the stories I have already told you"，意为"我所告诉你的故事"，但此段乃对话者 B 的发言，常理来说应是"你所告诉我的故事"，故此处疑为笔误，暂按原文译。——译者注

我现在认识到了我们的错误，那些先生们 ① 是对的。麻烦很快就会解决，然后你们会看到我们提供的建议有多么慷慨，而你们拒绝它们又是多么的不明智。

B：圣约翰当时并不能确信苏格兰的事情会顺利解决。虽然苏格兰人在邓巴吃了败仗，他也不可能料到他们随后竟敢于入侵英格兰。

A：但他猜得挺准：伍斯特之役后的一个月内，残缺议会就颁布了一道法案，禁止用英国船以外的船只运送进口货物。英国人还不断骚扰靠近本国海岸的荷兰渔船。他们甚至（借着我们与法国之间的战争）多次搜捕荷兰船只，挟持要价。于是荷兰人派了大使过来，要求之前被他们自己拒绝的条款，但同时也是为了试探英格兰的海军力量是否准备充分，人民又是否对自己的政府感到满意。

B：之后如何？

A：残缺议会现在并不急于与荷兰人达成协定，便提出了几项令人无法接受的条款。首先，荷兰人若是不付钱，便不能到英国海岸附近捕鱼。第二，听凭英国人在米德堡至安特卫普之间自由贸易，荷兰人起而反叛西班牙国王之前，英国人在此享有之便利，一切照旧。第三，要求修改关于安波纳 ② 贸易的既有协定。所以，战争的爆发已不可避免，进入春季之后，双方终于开始行动。其实英格兰之所以想开战，完全是因为他们感到自己抛出的友谊被嘲弄，派去的大使也被折

---

① 指前文里的"议会里的许多人"。——译者注

② 安波纳位于印度尼西亚的安汶岛，荷兰与英国的贸易公司都曾在 17 世纪于此岛设立贸易点，1623 年，双方之间爆发了著名的安波纳大屠杀，10 名英国人被荷兰人处死，此事标志着荷兰在印度群岛的优势开始出现。——译者注

辱;而荷兰之所以想开战,则完全是因为太过贪婪,想独霸海上交通,而且他们还错误地估计了敌我双方的力量对比。

这些事情发生时,爱尔兰与苏格兰的后续战争仍在继续,这两个国家直到两年之后才被平定。对保王党的处决也没停止,期间有一位洛夫先生 ① 因与国王保持通信而被砍头。

B:我之前就认为长老派牧师绝不可能属于保王党,因为他们认为在基督之事上,唯有自己的教士大会才具有至高权威,而现在,(通过一纸法令)他们终究被认定为英格兰的叛国者。

Ⓐ:你的看法没错,我之所以称洛夫先生为保王党,只是单纯地指他所由被定罪的那一行为。当年双方在乌克斯布里奇进行谈判,正是此人在众委员们面前宣扬:国王与议会之间,纵势若水火,恰如地狱与天堂,却也有可能达成和解。他与其他所有的长老派一样,是国王的敌人的敌人,他们敌视克伦威尔及其手下的狂热分子,只是为自己计,绝不是为国王计。约翰·霍瑟姆先生曾拒国王于赫尔城外,却在之后将该城献给纽卡斯尔侯爵——长老派的忠心不过如此。若是勉强称这些长老派为忠诚,毋宁说他们是双倍的不忠,除非有人认为负负既得正,那么两次的背叛便等于忠诚。

这一年,残缺议会对于某些领地的控制变弱了,其中包括锡利群岛、马恩岛、巴巴多斯岛以及圣克里斯托夫岛。克伦威尔警告他们遵守三年一届法案,准时出席议会——这让他们非常不高兴。

B:我觉得这确实太严厉了。

---

① 根据后文看出,此人是长老派。——译者注

Ⓐ：1652 年 5 月 14 日，荷兰战争开始了。三艘荷兰军舰与数艘商船呈纵队行使，由数艘护卫舰组成的英国舰队发现了这支荷兰舰队，英国这边的指挥官上校扬于是便示意对方的舰队司令降下旗帜（此举代表着在本海域承认英国的统治权，本来是常见的事情），荷兰的舰队司令那边照做了。但是轮到荷兰方面的海军中将的时候，他拒绝（像其他军舰那样）降下旗帜，直到双方互相炮击了四五次，他才降下了旗帜，但此时误会已经产生。上校扬又命令由海军中将本人或他的船赔偿所造成的损失，海军中将回答：尽管他已经降下旗帜，但仍会保卫自己以及自己的船。上校扬于是与各舰舰长会商，由于担心在两国谈判之际便与对方开衅会使自己面临指控，加之夜幕已经降临，便没有再采取进一步的行动。

Ⓑ：但战争从此刻便已经开始了。只是责任究竟在哪一方？

Ⓐ：此处是英格兰的领海。毫无疑问是荷兰人先挑起了战争。荷兰舰队司令的顺从之举也是在承认英国的统治权，即使海军中将到最后也不得不降下自己的旗帜。

两星期之后，又是类似的情况，双方再度爆发了冲突。范·特罗普率领 42 艘军舰来到古德温暗沙背后（少校伯恩当时率领着少数议会船只驻在唐斯，布莱克则在更往西的地方），并派出两位船长与伯恩会面，请求他原谅自己冒昧到访此地。伯恩的答复彬彬有礼，但还是不容置疑地表示对方应当离开。特罗普于是离开（伯恩松了一口气），打算朝布莱克所在方向航行，但伯恩由于担心局势有变，也开始朝着布莱克的方向航行。当特罗普和布莱克逐渐接近时，布莱克朝特罗普的船进行了一次射击，作为要求其降旗的警告。然而三次警告之后，特罗普反而对布莱克进行了一次侧舷齐射。于是战斗就开始了（伯恩也及时加入了进来），从两点持续到了夜晚，英国人占了上风。像上次一样，这次的争端也是因旗帜而起。

B：当两个国家都决意要开战的时候，还有何必要纠结于让谁成为开第一炮的人吗？而当两国想要寻求友谊与同盟的时候，相互恭维谁是首倡者亦是多余。不论王国公国，还是共和国，它们在这两种情况下从不看邻国是否占据道义，而只考虑自己在事件中的利益。

A：普遍如此。但是在这种情况下，荷兰人知道英吉利海域的统治者素来以英勇高尚而闻名，所有到过这片海滨的别国人士无不心生仰慕，荷兰人若想挑战他们的统治，最好的办法就是把这次的事态扩大。此次冲突之后，荷兰驻英大使致信英格兰国务院，将此次冲突形容为"一次鲁莽的行为"，荷兰国会事先对此并不知情，而且此举根本违背国会意愿，希望英方在冷静下来之前保持克制，以防事态朝不可挽回的方向发展。英格兰议会于是投票认定：1. 荷兰国会应根据其所负担之责任及此次所造成之损失进行赔偿。2. 偿清上述损失之后，双方应立即停止一切敌对行为，相互归还所掠对方之船只与货物。3. 上述条款达成一致后，两国应当结成同盟。这次投票的结果被送交荷兰大使，作为其致信的回应。但其中添加了一段序文，重新表达了英格兰之前对荷兰的善意，并提到了荷兰人最近组建的由 150 艘战舰组成的舰队，认为这样一支舰队明显是冲着消灭英国舰队而来。

B：荷兰人如何答复？

A：什么也没说。特罗普驶向了泽兰，布莱克则带着 17 艘战舰去了奥克尼群岛附近劫掠荷兰人的商路，同时等着抓捕 5 艘从东印度回来的荷兰船。乔治·艾斯丘先生新近从巴巴多斯归来，带着 15 艘战舰进了唐斯港待命，以便随时从泰晤士河出击。

范·特罗普手下的舰只现在达到了 120 艘，他计划插入乔治·艾斯丘先生与泰晤士河口之间，但由于长时间的逆风而一直不能成行，另一方面，商船需要他的护航，故而又不宜久候。所以他回到了荷兰，从此地去了奥克尼，接应了那五艘从东印度回来的船，将它们护送回国。然后他试图与布莱克接战，但风暴突降，于是他不得不避入开阔海域，舰队也被打散，最后只有 42 艘船顺利回国，余下的随后也尽己所能零星回来了。布莱克也驶回国内，但他中途先在荷兰海岸劫掠一番，抓了 900 名俘虏，抢走了 6 艘战舰，这些战舰是他之前遇到的 12 艘商路护卫舰中的一部。这些便是正式开战后发生的事情。

8 月，泽兰海军司令德·鲁伊特率领 50 艘战舰与率领着 40 艘战舰的乔治·艾斯丘先生在普利茅斯附近发生战斗，乔治先生占了上风，若是当时所有的舰只都投入战斗，这可能就是一场决定性的胜利了。尽管取得如此胜利，残缺议会（虽说奖赏了乔治·艾斯丘先生）决定不再让他回到海军任职，转而让他担任下一年度的三大陆军上将之一——剩下的两位是迪恩和蒙克。

大约与此同时，利奥波德大公包围了敦刻尔克，法国派了一支舰队前去解围，布莱克将军在加莱附近遇到这支舰队，抢走了他们的七艘船，此事直接导致加莱投降。

9 月，双方再度爆发冲突，德·维特与德·鲁伊特指挥的荷兰舰队与布莱克指挥的英国舰队交战，荷兰军队再度落于下风。

11 月末，范·特罗普率领 80 艘战舰在古德温暗沙现身，布莱克当时麾下只有 40 艘战舰，但仍然决定冒险进攻，结果遭遇失败，于是（夜幕分开了交战双方）退入泰晤士河。特罗普控制了海域，从英国人手中抢走了一些无足轻重的船只，然后（正如前所述）又出于一种幼稚的虚荣心，在自己旗舰的主桅上挂了一把扫帚，以示其意在扫清海上所有的英国船。

之后的 2 月，范·特罗普率领的荷兰舰队在朴次茅斯附近被布莱克和迪恩率领的英国舰队袭击，遭遇失败。以上就是这一年度双方在英吉利海域发生的所有战斗。双方还在里窝那有过一场战斗，荷兰人占了上风。

B：我认为双方势均力敌，硬要说的话，大概英国人的胜算更大一些。

A：双方也同样无意讲和。荷兰人向丹麦、瑞典、波兰以及汉萨同盟（这些都是焦油和绳索的供应地）派出了大使，宣布与英格兰进入战争状态，后者全都加入了荷兰一边，召回了本国驻英格兰大使。残缺议会立即与这些大使进行离境照会，依然强硬坚持先前提出的苛刻条款。为了维持来年的战争开支，残缺议会又宣布开征一项每月 12 万里佛尔的新税。

B：国内局势此时可有新变化？

A：克伦威尔终于与残缺议会反目（残缺议会是克伦威尔面临的最后且最大的障碍）。于是军队的请愿书、演讲词、抗议书以及其他各种文书每日都如雪片般涌来，有些更直截了当地要求残缺议会自行解散，为新议会让路。残缺议会不愿屈服，但也不敢直接拒绝，于是宣布本届议会持续至 1654 年 11 月 5 日。但克伦威尔等不了那么久。

与此同时，驻爱尔兰的军队奉命引渡爱尔兰人，将某些他们认为该死的人送往一个专门为此设立的高等法院定罪处刑。那些被处刑的人中，就有费利姆·奥尼尔先生，他曾第一个举起叛旗，现在被绞死。至于在苏格兰，英国人新建了许多要塞以控制住这个桀骜的民族。以上就是 1652 年发生的所有事情。

B：那我们就接着说 1653 年吧。

Ⓐ：克伦威尔现在迫不及待地想要实现自己的野心，现在只差给本届长期议会最后一击了。于是在 1653 年 4 月 23 日，他行动了。当时荷兰人虽然尚未战败，但也已经元气大伤。先前从敌人那里掠夺了许多战利品，又从保王党手中敲诈来不少，自己的府库一时已相当充裕，加之 12 万里佛尔的新税刚刚开征，未来收入可期——最重要的是军队在他的绝对控制之下。

因此，克伦威尔决定快刀斩乱麻，以兰伯特少将和哈里森少将为副手，还带上其他一些军官，并挑选了许多他认为可靠的士兵，就这样冲进了议会宫，把议员们统统解散，赶了出去，最后将议会大门封闭起来。人民一致为克伦威尔此举喝彩，回想其以前所立之赫赫战功，竟无一曾收获如此热烈之反响，而那些议员则因此受尽大众鄙夷与嘲弄。

B：现在议会没了，谁掌握着至高权力（the supreme power）？

Ⓐ：如果你问的是谁有权力进行统治，那么答案是没有。如果你问的是至高的力量（the supreme strength），那么毫无疑问它属于克伦威尔，他掌握着英格兰、苏格兰以及爱尔兰的所有武装力量。

B：那么克伦威尔当时是这么称呼自己的吗？

Ⓐ：没有，但他马上发明出了一个新头衔，他说：鉴于议会率先对自己刀剑相向（也就是说，叛乱），于是自己有必要采取非常之手段，以应对当下之事态。诸君应该还记得长期议会当年辩称自己的叛乱是为人民利益计，为国家安宁计，对抗国内天主教徒与保王党的阴谋。所有人理当竭尽所能保证全民族之安全（这本是军队的天职，议会于是被忽略了），然而此事焉非将军之责？将军岂无权行之？手无一兵一卒以保卫人民者，无从知晓人民之利益所在，故而至高之位唯强者居之。

Ⓑ：他的理由和长期议会比起来真是有过之而无不及。只是长期议会好歹代表了人民，而在我看来，主权与人民代表相伴而生，不可分离。

Ⓐ：你说得不错，而当国王将代表们召集在一起的时候（就像目前一样），所有代表就必须交出自己的的权力，主权于是由国王接管。下院并不能代表整个国家，只能代表平民，所以下院的法案或法令也就无权辖制任何贵族或教士。

Ⓑ：所以到头来克伦威尔的头衔不过是一"治安官"尔？

Ⓐ：不。大多数人是不知道"治安官"背后的真正含义的。他想要的是至高的主权，而这权力还必须由议会来授予他。于是他召集了一次议会，将至高主权交给了它——不过条件是议会要把主权交还给克伦威尔。他考虑得还是周到！首先，他发布公告，解释自己为何解散议会。其中大致意思就是：议员们早已忘记神的教诲，他们日益膨胀，想要通过法案让自己手中的权力不朽。然后，他建立了一个听命于自己的国务委员会，暂行英格兰的最高权威，直到下届议会开幕

克伦威尔解散长期议会

为止。最后，他选了 142 个人进入委员会，除了他自己之外，要么是他信得过的军官，要么是些没什么名气，但对克伦威尔本人绝对忠诚和热爱的狂热分子——这些人当然早就被指示过如何行事。这个委员会于是被授予了至高权威，然后委员会又将之授予了克伦威尔。7 月 4 日，议会如期召开，一位劳斯先生随后被选为议长，自那时起，他们便称自己为"英格兰议会"。但克伦威尔为保险起见，又组建了一个国务委员会，只是人数没有上次那么多，只有他自己和他手下主要的军官。新委员会总揽了所有的公共与私人事务，包括制定法令与照会外国大使。然而克伦威尔现在树敌太多。哈里森是第五王国派的首领，他现在辞了军职，一心鼓动他的党羽反对克伦威尔，不过不久之后他就被逮捕了。同时这届"露骨议会"①所做的一切不但荒谬可笑，而且大失民心，不禁让人觉得克伦威尔选出议会的目的只是为了让议会统治颜面扫地，好让君主制再度提上议程。

B：他们做了什么？

Ⓐ：他们颁布了一项法令，规定所有的婚礼都必须由一位治安法官主持，结婚预告必须提前数日于临近的集市内公布。原则上不禁止由牧师主持婚礼，但若无治安法官在场，则婚姻无效。于是许多新人为了保险起见，用两种方法分别举行了婚礼（不过他们以后多半会为此感到后悔）。他们还取消了这条宣誓：禁止人们在任何不承认残缺议会统治的法院中提起诉讼。

B：这些对克伦威尔都没什么影响。

Ⓐ：他们还计划通过另一项法案，旨在否定所有现行法律与法学著作，重新订立一部更符合第五王国派信条的法典——须知第五王国派在议会中占了大多数。而他们的信条认为，除了吾主耶稣之外，不存在任何主权者，而在其治下者，不是旁人，唯有圣徒。只可惜后来克伦威尔终结了他们的权威，此法案便未及通过。

B：此法案对克伦威尔来说有影响么？

Ⓐ：没有。但议会也确实在采取行动应对克伦威尔，他们打算通过法案让议会的权力永远固定下来，一届接着一届，世代传承。

---

① little Parliament，又被称为 Barebone' Parliament 特指 1653 年 7 月 3 日召开的议会，是英国在共和制下召开的最后一届国会。——译者注

B：我不懂，除非一届议会能生出另一届议会——就像动物或者不死鸟那样。

A：为什么不能像不死鸟呢？一届议会届满之后，难道不能发出文书召集下一届吗？

B：您觉得他们不会重新把自己选上去吗？他们甚至可能为了省去再过来一趟的麻烦，连原来的座位都懒得换动。再说了，就算他们通知各郡选出新代表，然后自行解散，那么各郡的郡法庭又是凭借何种权威召集的呢？此时早已没有了至高权威啊。①

A：他们的所作所为荒谬可笑，却自丑不知。克伦威尔本就志在主权，这项法案的提议者估计都还不知道自己的行为已经招致了克伦威尔的不满，而克伦威尔在议会中的党羽却早早察觉到了。因此有一次，（议事才刚开始的时候）其中一名议员便提出动议，既然在座的各位对共和国已无甚助益，倒不如自行解散罢。哈里森及其党派一片哗然，发言表示反对，然而克伦威尔的党羽——当然，那位首先发言者就是其中一位——起身离开议院，还带走了权杖，然后径自去了白厅，向克伦威尔表示愿将权力交还于他。于是克伦威尔终于通过一纸议会法案获得了主权权力。四天之后也就是 12 月 16 日，他正式就任三国的护国公，并宣誓遵守规则进行统治。这些规则被写在羊皮纸上，并当众宣读——就是后来所称的"约法"。

B：他所宣誓遵守的规则又是什么呢？

---

① 霍布斯此处的意思是说，在上届议会解散，下届议会尚未集结的这段时间里，不存在最高权威。——译者注

Ⓐ：第一条就是：每三年召集一届议会，第一届于来年的 9 月 3 日召开。

Ⓑ：我觉得他选择 9 月 3 日这个日期是带了些迷信的，因为 1650 年和 1651 年的这一天，他在邓巴与伍斯特可谓鸿运当照。

Ⓐ：但他此时还不知道，1658 年的 9 月 3 日对全民族来说也是个幸运的日子。①

还有一条，议会召开五个月内不得被解散。议会呈送克伦威尔之法案，应在二十日内经克伦威尔同意后生效，否则议会将自行通过生效。

第三条，克伦威尔领导之国务委员会成员不得超过 21 人，不得低于 13 人。护国公驾崩之后，该委员会应即刻集会，当场选出下任护国公。还有许多其他条款，但此处无必要一一列举。

Ⓑ：与荷兰人的战争进行得如何？

Ⓐ：英国这边的指挥官现在是布莱克、迪恩以及蒙克，荷兰则是范·特罗普。双方于 6 月 2 日（也就是"露骨议会"召开的前一个月）爆发了战斗，英国方面取得了胜利，虽然荷兰人被赶回了自己的港口，但迪恩将军于此役身中炮弹身亡。荷兰人经此惨败，不得不向英格兰遣使求和，但与此同时，他们又组织了一支新的舰队，不过在 7 月末，还是被蒙克将军击败了，后者取得了前所未有的辉煌胜绩。荷兰人元气大伤，只好赔款求和，并另辟条款，承认英格兰拥有降旗权。

本年度末，也就是 3 月，和约终于达成，4 月后，双方才正式停战。

---

① 克伦威尔于当日逝世。——译者注

战争赔款要到以后才支付。

现在荷兰战争结束了，护国公把他的小儿子亨利派去了爱尔兰，一段时间之后，他做了那里的总督。蒙克将军被派去了苏格兰，以监视这个国家。本年度，国内没有任何值得注意的大事，除了有一伙保王党被发现——他们本欲取克伦威尔性命，然而国王宫廷中的一个叛徒将国王的计划透露给了克伦威尔，这伙保王党于是被逮捕并处死。

B：这种叛徒如何能得到国王信任？

A：他的父亲是一位先王军中的上校，后来阵亡，而且他本人又受忠臣良士举荐，因此谋得差事。他告诉陛下：国内的伪政府时不时地给他送钱，想要收买他——为了让此事看起来可信，克伦威尔自己也送了钱。

接下来的 1654 年，没有任何战事，时间都花在民事法令的颁布、法官的任命以及预防各种各样的密谋（篡位者总是多疑的）上，还有就是处决仍忠于国王者，拍卖他们的地产。9 月 3 日，根据"约法"，议会如期召开。本届议会没有上院，下院则遵循旧制，由骑士与市议员组成，但不同的是，一个市镇出市议员两名，一个郡出骑士两名，而以往一个市镇一般只出一名市议员，而某些郡则可以出六至七名骑士。另外，苏格兰与爱尔兰各拥有 20 个席位。克伦威尔现在能尽情施展自己的统治了，他驾着新近呈献给他的六挽马车耀武扬威，可惜那六匹马像他本人一样桀骜不驯，把他甩出了座位，差点要了他的命。

B：本届议会早已见识过克伦威尔对付长期议会与短期议会的手段，大概已有自知之明了吧？唯有乖乖听话方不致重蹈覆辙。

A：是的，议会第一次集会时，克伦威尔就发表演讲，明确禁止他们以个人或议会身份干预政府、军队，或延长会期，或剥夺良心自由。而且在他们落座之前，就告诉他们，所有议员必须做出保证，承认克伦威尔的某些权力。于是，本来总共有四百名议员，首先入席的竟还不到两百人，到最后（一部分人屈服了）入席的人数约有三百人。而议员们坐定之后，克伦威尔又向他们公布了一些他自己制定的法令，生效日期皆在会议召开之前，这是要让他们明白：克伦威尔的法令即使不需要议会通过也能生效。可惜这些议员依然不识时务。他们竟还在围绕克伦威尔所宣称的那些权力而争论不休。

B：如果他们真心认为这些权力有争议，那么就不该在明明已经承认了之后再来争论。

A：但他们再也没有机会坐下来讨论了。克伦威尔见识到了他们的顽固，终于不再寄希望于议会的支持，便将他们解散了。

除此之外，这一年还值得一提的便只剩高等法院对几桩保王党阴谋的审判了。

1655 年，传言圣多明戈城中藏着大量金银，英国于是派了一万人登陆伊斯帕尼奥拉岛，希望能从那里掠夺到金银。但他们被少数西班牙人打得大败，还损失了将近一千人，不得已退至牙买加并占领了该地。

这一年保王党在西部起事，宣布拥护查理二世国王，只可惜没多少人响应，有些人见势不妙，只好亡命，于是这些保王党很快被镇压，许多首要分子也被处死。

B：虽然这些暴动的保王党出发点是好的，但如此急躁无疑是在给国王帮倒忙。他们如何有把握战胜护国公的千军万马？当初国王的事业为何失败？不正是因为王师中的高级指挥官互相不合，各怀鬼胎吗？可惜了那些指挥官原本深受拥戴，能力绝不输克伦威尔本人。

Ⓐ：此事未可知。护国公在圣多明戈的发财愿望落了空，于是决定让保王党来承担，下令对保王党拥有动产之收入每年征收十分之一税。为贯彻此命令，他将英格兰划为十一个少将辖区，命令每位少将列出一张辖区内保王党可疑分子的名单，其所有动产一并录齐，并警告这些名单人员不要妄图生事，辖区少将务必及时察知辖区内任何保王党密谋。另外保王党的仆从也须照此办理，一并辑录，详加审查。除此以外，少将们应厉行监督，禁止辖区内举办赛马竞技与群众集会，并对每年所征十分之一税进行征收与汇总。

Ⓑ：如此一来，篡位者即可悉数掌握所有英格兰地产的价值，并监视所有体面之人的行为与情感——这项暴政可以说是非常骇人了。

Ⓐ：按照约法，1656 年是议会年。当年伊始，一直到 9 月 17 日议会开幕，期间各省的少将一直在滥施暴虐。更糟糕的是，他们操纵选举，把自己或者自己青睐的人选进议会——这大概也是出于克伦威尔的指示：他需要一届慷慨听话的议会，因为他亟须与法国讲和，好与西班牙开战。

当年斯坦纳上校在加的斯附近海域袭击了西班牙的八艘运宝船，击沉两艘，俘虏两艘，其中一艘俘虏的宝船上满载了两百万枚银币，价值 40 万里佛尔。

也是在这一年，詹姆斯·内勒在布里斯托尔现身，并自称耶稣基督。

他把自己的胡子岔开，又将头发束起来——打扮成维罗妮卡圣帕[①]上基督的模样，当有人询问他时，他偶尔才回答一句："你说的是。"[②]他的信徒们则双膝跪地，随侍鞍前。然而他马上就被议会逮捕了，被判上枷示众，刺穿舌头，并在其前额纹以字母"B"，以示其"亵渎神明（blasphemy）"之举，之后就被投进了布莱德维尔的监狱。军中的大红人兰伯特本想救他，一是因为内勒是兰伯特的老部下，二是兰伯特想借此讨好军中的非国教派信徒。兰伯特现下已在护国公面前失了宠，但仍然对有朝一日接替其位念念不忘。

此事发生两年之前，也曾有个女神棍，常借呓语和幻觉帮人占卜，也算远近闻名，许多高级军官都找过她。克伦威尔闻后，逮捕了她和她的喽啰，于是便再无人听过她的消息。

B：我听过另一个，一个叫莉莉的，他预言了长期议会期间所有的大事。此人后来怎样了？

A：此人的预言有些不一样。他是个编年史作家，不过打着占星学的幌子而已，而他这样做无非为了蒙骗广大无知的群众，好混个生计。若是他的预言但凡有一点不利于议会，那他早就有麻烦了。

B：我不知那些疯人（我认为所有妄图预知未来意外之事者，都可列入此类）的呓语和预言如何能有害于国家。

A：能的。须知世事本无难处，唯人感于来者之不可知，方畏缩

---

① Volto Santo：基督教圣遗物之一，耶稣被押往刑场的途中，一位名为维罗妮卡的女人用自己的面纱为其擦汗，耶稣真容因此被印在面纱之上，后有此称呼。——译者注
② Thou sayest it：出自《新约·路加福音》，第二十三章，罗马总督彼拉多问耶稣："你是犹太人的王吗？"耶稣以此句应答。——译者注

不前。一旦能预知自己所作所为之结局，人便能不再患得患失，谨慎纠结。许多情况下，正是预言本身导致了预言之事。试想，若是现在有人预言奥利佛·克伦威尔与其军队将来必遭惨败，则人民必将勇气大增，且无不翘首以盼，从中助力，于是不难想象一党揭竿而起而众人皆赢粮景从，给其致命一击。由此亦可知当初罗马为何逐尽城内预言家与占星术士。

当年还有一件重要之事，一个议员——他是伦敦市代表——提出动议，请求并建议护国公弃置护国公头衔，加冕为国王。

B：如此提议，简直不知天高地厚，若恶例一开，则必将刺激许多人之野心，且军队必将愈加放肆。我看这提议简直是要故意毁掉护国公本人和他手下那些野心勃勃的将领。

A：可能吧。1657年议会做的第一件事就是把这份请愿呈递给护国公，希望他加冕为王，君临三国政府。于是往届议会的故事重演：大部分的议员不是被武力逐出议会，便是被迫屈膝，甘做拥戴"奥利佛国王"的罪人。但正是那少数还坐在议会里的人，在4月9日于白厅国宴厅内将请愿书呈递给了克伦威尔。议长托马斯·威德灵顿带头请愿，而护国公表示，事关重大，须求问于上帝。次日，他们又派了一个委员会前去询问答复，护国公的答复暧昧不清，于是他们再次要求护国公早下决心。最后，护国公答之以一次长演讲，末了还是断然拒绝了请愿。于是护国公的头衔还是保持了下来，但他采纳了请愿书中几条有关加强其统治权力的条款。

B：他为什么拒绝加冕为王？

A：因为不是时候。那些高级将领在军中声望日盛，而很多将领都希望能继承护国公之位，但护国公已将大位许了兰伯特少将，故而此时绝不可再刺激他们反对自己。于是护国公不得不安于当前的位置。

B：您说的那些条款都有哪些？

A：当中有几条最重要的：1. 根据上述请愿与建议，护国公将兼领英格兰、苏格兰及爱尔兰首席执政官之职，治理三国；护国公有生之年应指定其继承者。

B：我想苏格兰人当初举事的时候万万不会想到自己将遭受如此严厉之统治，而且统治者还是克伦威尔。

A：2. 护国公应当至少每三年召开一届议会。3. 对于合法选举出来的议员，未经议会同意不得受排斥。护国公一边同意了本条，另一边本届议会之前被隔离的议员却未能重新入席。4. 满足资格者方能当选议员。5. 新设之"别院"的权力应受到限制。6. 法律唯有以议会法案形式颁布。7. 每年从国家税收中固定拨出 100 万磅以维持陆海军，30 万里弗尔以资政府运作，其他临时支出由议会酌情考虑。8. 所有政府官员应由议会选任。9. 护国公应支持政府各部工作。10. 护国公应公开发表一份宗教声明。还有其他一些没那么重要的条款。签署这些条款之后，护国公又重新举行了一次盛大的就职典礼。

B：有这个必要吗？他还是护国公啊。

A：但此次请愿中的条款与之前的约法并不完全一样。现在设立了另一个议院。在此之前，他的继承人是由委员会指定的，而现在指定权在他自己手里。他俨然是一位绝对君主了，所以他若把大位传给自己的儿子或者哪个中意的人也不奇怪。

典礼结束，议会也在之后的 1 月 20 日休会了。"别院"则依然在运作。之前被隔离的议员也根据请愿条款重新入席。

新设的"别院"总共 60 人，只有 9 个贵族，但重新满员的议会现下无心关注这个机构，对于多数议员在被隔离期间，其同僚所做出之决定，议会内部再度陷入了争论，到最后演变成讨论如何废除新近授予护国公的权力。于是护国公走进议会，作了一次长演讲，最后留下了一句话："以上帝之名，我定要叫你们解散。"

这一年，英国人在圣克鲁兹大胜西班牙人，这场胜利丝毫不逊于去年在加的斯湾的大捷。

这边议会刚被解散，保王党就酝酿了针对护国公的新密谋。他们计划在英格兰掀起一场叛乱，国王随后到了弗兰德斯，准备带领一支军队支援他们。但此事由于叛徒告密，还是被发觉了，最后什么波浪也没掀起来，所有参与者都身败名裂，来年年初，高等法院把他们全都逮捕，一部分人被处刑。

兰伯特少将也在这一年辞去了一切职务，此人在军中的威望仅次于克伦威尔。无论是出于这份威望，还是出于护国公的许诺，他都满心期望能继承大权，所以对护国公来说，让兰伯特继续执掌军队便十分危险。护国公私底下已有意将长子理查德立为继承人。

1658 年 9 月 3 日，护国公在白厅去世。他自始至终都活在被暗杀的恐惧中，那些保王党的徒劳尝试在他生命的最后一刻依然缠扰着他。

他的私人顾问班子说服他在病中指定了自己的儿子理查德作为继承人，然而后者全然没有如此野心，全是福利特伍德、瑟罗等一干顾问从中撺掇，护国公自己当然乐意之极。随后，英格兰、苏格兰与爱尔兰的军队宣布效忠于理查德。他面临的第一件事就是为其父举办一场奢靡而盛大的葬礼。

于是理查德·克伦威尔继承其父，坐上英格兰、苏格兰及爱尔兰至尊之位，各市镇内镇守军官一心拥戴，三国军队上下齐贺，各地驻军无不极尽谄媚之能事。

B：既有军队认可，何以其倒台如此迅速？

Ⓐ：军队本就变化无常。理查德优柔寡断，且未有军功在身。尽管有两位主要将领是其亲属，但此二人在军中威望皆不如兰伯特。兰伯特此时已通过向福利特伍德献殷勤而获得了摄政职位，又通过讨好士兵，重新当上了上校。他和其他军官在瓦林福德宫（福利特伍德的住所）中开会商议如何罢黜理查德，然而他们却根本没有考虑好事成之后如何整顿政制。自叛乱以来，凡野心家称雄之道无不如此：先破坏，尔后再考虑自己想建立什么。

B：护国公官署在白厅，与瓦林福德宫近在咫尺，护国公为何未能察觉军官们之举动。

Ⓐ：他当然察觉到了，许多朋友早已将此事告知于他，其中有人建议杀掉主谋，甚至愿意自己亲往，但护国公却犹豫不决，迟迟不肯下令。他想征询一些更温和的人的意见，于是便召集了一届议会。召集令状立即被下发到了上届议会的"别院"，余下的则被送至各郡治安官处，要求其选出骑士与市镇代表，于 1 月 27 日议会开幕前到达。选举依照古制进行，因而此届下院完全能代表英格兰民意，最后总共召集议员 400 名，包括 20 名苏格兰代表与 20 名爱尔兰代表。他们自视为一完整之议会，拥有三国之至高权力，因而未与护国公及"别院"

并席合议。

　　他们本欲首先质疑"别院"之权力，但护国公劝说他们首先通过一道（早已拟制好的）法案，承认护国公的权力，他们答应了。（经过两个星期的讨论）他们同意，任何一道法案的通过都应该以"承认法案"作为基础与前提，但护国公之权力必须以"承认法案"内容为界限，以此保障议会特权与臣民自由，所有事项须双方会商决定。

　　B：为何这些人表现得如此听话？护国公不过第一次召集议会而已。有必要这么着急地承认他的权力吗？而且还是如此彻底的承认。他们先是告诉人民，应当服从护国公，自己却又用法律限制护国公——议会为什么要做这种自相矛盾的事情？本届议会不是由护国公召集的吗？为什么他们反而不认可这个召集人呢？

　　A：我认为原因就在于大多数人虽然愿意受到规矩管束，但却鲜有人明白唯有手握刀剑，才有资格制定规则。

　　B：如果他们承认刀剑带来的权力，那么他们反对现政府的行为就既不合理，也不明智了，因为现政府乃是由三国之全体武装力量建立起来并受到认可的。毫无疑问，本届下院的宗旨与叛乱之始的那届下院非常相似，如果他们能立即召集到一支大军，他们同样会对护国公刀剑相向，然后军队的将军又会以类似的方式将他们变成"残缺议会"。他们建立了一支军队，不但无法控制它，甚至要臣服于它，实在是养虎为患。自伊丽莎白女王时代以来，历届议会秉性无不如此，长老派与民主主义者总能在选举中脱颖而出。

　　A：之后他们开始讨论"别院"的问题，下院同意本届议会期间与"别院"共同议事，但同时认为"别院"无权像上院那样发布令状，召集下院——往后皆是如此。此项表决通过之后，他们接着进行另一项，那就是将民团划为下院指挥。又为了显示自己的至高权力，他们还释放了一些囚犯，据下院自己的说辞，那些人都是被前任护国公非法定罪的。还有那些人民非常期待的有关民事权利和宗教方面的事项，他们统统纳入了考虑。所以这一年结束的时候，护国公不但没能解决瓦林福德宫里那些军官的密谋，反倒平添了议会这样一件糟心事。

B：只有蠢材才会在这种节骨眼上还想着改革。国家现在一分为三：护国公，议会，还有军队。护国公要对付议会和军队，议会要对付军队和护国公，军队则要对付护国公和议会。

A：1659 年伊始，议会便通过了多项法案。一条是"未经护国公及两院同意，军官不得擅自集会"。另一条，"任何人不得与军中亲信勾结或在军中安插亲信，军官不应擅自涉入党争，但可以在议会中自由会面并互相商谈"。又为了讨好士兵，他们承诺立即考虑如何支付士兵欠饷。但他们也十分担忧，护国公此时已借第一道法案禁止了瓦林福德宫里的军官集会，于是护国公与军队之间的矛盾随之激化，政府于是陷入了分裂。瓦林福德宫中的军官带了大量的士兵包围了白厅，并带了一份委任状要护国公签署，要求护国公赋予德斯伯勒以权力解散议会，护国公慑于对方的架势，加之他的党羽都劝他服软，便在委任状上签了字。议会依然在期，他们决定周末暂时休会，到下周一，也就是 4 月 25 日再度集会。但当议员们在周一的早晨赶回来时，却发现议会宫的大门已被封锁，所有的通道上都布满了士兵，士兵们直截了当地告诉议员：他们不能再开会了。理查德已经失去了对城市的控制，只得退往郡中，数日后，（他得到保证，自己先前由于举行其父葬礼所欠下的债务将一笔勾销）他签署了自己的辞职书，宣布放弃护国公之位。

B：谁来继任？

A：没人。但是在主权权力中止了十天之后，一些尚在城中的残缺议会的议员在前任议长威廉·伦索尔先生以及兰伯特、哈泽里格等军官（他们也是残缺议会的议员）的领导下，决心重返议会宫，他们总共是 42 人。军队随后承认他们为议会。

但同时那些曾在 1648 年被军队清除出去的议员也自行去了威斯敏斯特宫，时人称其为"被隔绝者（the secluded members）"。这些人觉得自己也是根据同样的权威被选举出来的，因此有权利入席，于是也想进入议会宫，但被士兵们拦了下来。重新开幕的残缺议会发布的第一项决议便是："此前曾作为议员，然而自 1648 年以来未能参与议会者，暂不得参与本届议会，以待议会进一步指示。"因而在 1659 年 5 月 7 日，时隔六年，残缺议会终于得以恢复权威。

B：既然至高权威已多次易手，那么为了记忆方便，我恳请您将他们按照时间顺序依次复述一遍。

A：首先，从 1640 年到 1648 年——也就是国王被谋杀为止，主权在查理一世国王与长老派议会之间悬而不决。其次，从 1648 年到 1653 年，权力属于议会中除国王与贵族以外的那部分①，他们审判了国王，宣布自己是英格兰与爱尔兰第一至高权威。此时长期议会中分为两个派别：长老派和独立派。前者只想让国王屈服，而不是直接摧

---

① 指下院。——译者注

毁之，后者被称为残缺议会，他们只想摧毁王权。再次，从 4 月 20 日到 7 月 4 日，至高权力属于克伦威尔建立的国务委员会。接着，从 7 月 4 日到同年 12 月 12 日，又属于那帮听从克伦威尔调遣的人，克伦威尔称赞他们忠诚正直，让他们组成议会。这些人被蔑称为"露骨议会"。复次，从 1653 年 12 月 12 日到 1658 年 9 月 3 日，权力又在护国公奥利佛·克伦威尔手中。之后，从 1658 年 9 月 3 日到 1659 年 4 月 25 日，理查德·克伦威尔继承了其父的权力。然后，从 1659 年 4 月 25 日到同年 5 月 7 日，主权暂无归属。最后，从 1659 年 5 月 7 日开始，自 1653 年起被驱逐的残缺议会恢复了权力。残缺议会随后又失势于一个安全委员会，之后又恢复，直到至高权力又复归正统。

B：残缺议会再次失势？是谁干的？怎么回事？

Ⓐ：一群他们认为安全可靠的人。驻苏格兰的军队当年在伦敦帮助克伦威尔镇压残缺议会，现在献上降表，请求宽恕，以示驯服。城里的士兵拿到了自己的薪饷，各处的军官也都留任原职，于是他们都承认了残缺议会的权威。作为全军总司令的议院议长还亲自给他们颁布了委任状。福利特伍德做了副司令，但议会给他施加了许多限制，因为议会还记得克伦威尔做副司令时是如何对待他们的。还有爱尔兰总督亨利·克伦威尔，也听从命令辞职，返回了英格兰。

尽管残缺议会已经清楚奥利佛借以登上护国公之位的手段，但是作为奥利佛曾公认的接班人的兰伯特依然决心抓住一切机会争取大位——机会很快就来了。柴郡爆发了一场针对保王党的暴动，大批的保王党被翻旧账，受到了迫害，暴动者都是长老派，领导者是乔治·布思先生，他是"被隔离者"中的一员。他们总共有约三千人，声称欲求得一个自由的议会。暴动者同时还欲在德文郡和康沃尔两地挑动事端，但尚未成功。为了镇压乔治·布思先生，残缺议会对兰伯特委以重兵。兰伯特很快打败了柴郡乱党，收复后者占据之切斯特与利物浦等地。包括乔治·布思先生在内的许多指挥官也在战斗后被俘。

此役之后，兰伯特没着急班师回朝，而是在他约克郡的府邸中设宴慰劳众士兵，士兵们于是答应向议会请愿，总司令之职理应由军中人员担任，任何外部势力插手军队指挥皆属不妥。

B：我看不出有何欠妥之处。

Ⓐ：我也看不出。（我听说）这条"真理"出自亨利·范恩先生之口。然而此举让残缺议会十分恼怒，他们投票表态：于目前基础之上增设将军职务对军队而言实属多余，冗官冗费对共和国亦十分危险。

B：克伦威尔未曾用过这种伎俩。虽然柴郡之役可比邓巴大捷，但克伦威尔当初却并不是因邓巴大捷而拜为上将，乃是因为费尔法克斯恰好提出辞呈，而议会又愿指克伦威尔补其空缺。

Ⓐ：但兰伯特天真无比，踌躇满志。因而他一回到伦敦便和其他的军官聚在瓦林福德宫中起草他们的请愿书，还自称只为陈情而已。请愿书中的主要意思就是要设立一个总司令，不过也加进了其他一些次要条款。10月4日，德斯伯勒少将领着一伙人将请愿书递交给议会。议会一时震恐，一面以礼相待，好言抚慰，一面承诺立即展开讨论。于是议会着手商讨，并逐渐振作了精神，最终在10月12日投票表决：着令兰伯特、德斯伯勒以及瓦林福德宫中一干人等去职。又，由福利特伍德、蒙克、哈泽里格、沃尔顿、莫利及奥弗顿组成委员会领导军队，直到来年2月12日为止。为防兰伯特兵变，议会令哈泽里格与莫利

召集自己信赖的军官，欲于次日清晨领兵进驻威斯敏斯特宫。但他们晚了一步，兰伯特先发制人，率军包围了议会，并逐走了随后到来的议长。另一边，哈泽里格的军队也越过了圣詹姆斯公园的围墙，进入到圣玛格丽特教堂的墓园内。两拨人马对峙了一整天，但没有爆发冲突：残缺议会被逐出了议会宫，而那些军官依然在瓦林福德宫中开会。

瓦林福德宫中的军官联合其他一些城中军官选出了一个所谓的安全委员会，兰伯特和范恩担任主席。另选出一个由军官组成的总理事会，主席在总理事会的建议下，有权审判罪犯，镇压叛乱，或与外邦谈判等。你看，残缺议会现在失势，至高权力（它关乎人民的利益）落入了一个军官理事会手中。兰伯特希望这种体制能一直持续下去。但这个委员会有个明显的缺陷：他们向军队承诺必须在六个星期内构建新的政治体制。试想如果理事会实现了这个承诺，你觉得他们会心甘情愿地将至高的权威让给兰伯特或是其他什么人？你觉得他们自己会不渴望权力吗？

B：我认为不会的。其时残缺议会已将统帅军队之重任委以他人，即是将统制三国的权力交付出去，蒙克将军早已是驻苏格兰军队的总帅，比起兰伯特来，更是战功赫赫，他们如何敢置其不顾而自立一个安全委员会？兰伯特又如何觉得蒙克将军会不与他计较，不会驰援残缺议会？

A：他们压根没考虑过他，然而他的威名早已传遍爱尔兰与苏格兰。当人们为政制而争论不休时，他从未显露过自己的野心，无论理查德还是残缺议会，他都尽心服从。蒙克将军致信表示绝不赞同兰伯特及其党羽之举动，后者大为惊骇，方才重视起将军来，但已经太迟了。

B：为什么？与如此宏业相比，他的军队简直微不足道。

Ⓐ：将军了解自己的军队和对方的军队的实力，也知道如何增强实力，他知道各大市镇与乡郡都希望国王归来——将军要做的，只是把自己的军队（即使规模不大）开进伦敦就行了，他面前唯一的障碍就是兰伯特率领的军队。但兰伯特在这种情况下又能怎样呢？若是他立马宣布效忠国王或效忠一个自由的议会，英格兰所有的军队都会合起来反对他，然后再僭用议会的名号为自己谋私利。

致信军官委员会，并表示与其决裂之后，蒙克将军首先撤换并扣押了军队中的再洗礼派军官，然后召集自己的军队，直取贝里克。到达贝里克之后，他任命了一个由苏格兰人组成的议事会，在他不在的这段时间里，负责国内防务，并在他的军队行军期间筹集补给。议事会承诺尽自己最大努力保障国内稳定，并为将军筹集了一笔资金，尽管数量不多，但也足够应对当前所需。另一方面，安全委员会将麾下大部分精锐交付兰伯特指挥，让他前去对抗蒙克将军，但与此同时，又派出信使和调停者，多番催促将军前来谈判。将军最终同意进行谈判，于是派出三名军官赴伦敦，对方同样也派出了三名代表。这六人（在没有将军授权的情况下）很快就达成了如下协议：拒不认可国王；建立一个自由国家；鼓励神职人员与大学机构；还有其他一些条款。将军对协议十分不满，以擅权之罪逮捕了其中一名己方代表。于是双方展开了另一场谈判，这次双方各派五人。但当这场谈判尚在进行时，作为残缺议会成员的哈泽里格占领了朴次茅斯，安全委员会派出去平息事态的士兵全都向哈泽里格倒戈，溜进了该城。接着，伦敦市又开始为了议会自由闹起来了。不仅如此，另一名残缺议会成员——费尔法克斯阁下凭借着自己在约克郡的声望，在此地招兵买马，于是兰伯特现在腹背受敌，骑虎难下。又有传闻称德文郡和康沃尔两地正在动员士兵。而且，兰伯特的军队本身缺乏粮饷，那个军官理事会根本无法为其提供支持，它既没有权利也没有实力进行征税，于是不满逐渐蔓延，只好允许部队随意驻扎，一时间北方各郡民怨沸腾。

B：我想知道为何苏格兰人竟愿鼎力资助蒙克将军，须知他们在残缺议会中并无盟友。

A：我也说不准，但我认为若非为了让英格兰人内斗，他们是断然不会提供这么多资金的。军官理事会一时间树立了这么多敌人，只得匆忙间出台了成立新政府的方案：新议会将在 12 月 15 日召开，并保证这会是一届自由的议会，但方案中丝毫没有提及国王和上院，反倒让伦敦市更为愤怒。由于害怕城内生变，他们也不敢派军队去西部镇压，又因为手头没钱，组织不起新军，于是只能任由西部局势恶化。最终为了保全自己，他们只好解散，并退出瓦林福德宫，而这个消息很快传到了尚在北方的军队当中，军队于是抛弃了兰伯特。残缺议会于 12 月 26 日重新掌握了议会宫。

B：残缺议会现在重掌大权，看来蒙克将军已无必要南下伦敦了，他的使命结束了。

A：尽管残缺议会重新掌权，但其地位依然算不上稳固，(在被"自由议会"的呼声包围的情况下) 依然需要将军前来安抚大局。将军于是告诉他们，鉴于局势尚未安定，他将率军赶赴伦敦，他们不但同意，而且还恳请他尽早启程，并通过投票表决授予其每年 1000 里弗尔的津贴。

将军直趋伦敦，所到各郡无不为议会自由向其请愿。残缺议会为了给他的军队腾出驻地，将自己的军队迁了出去。直到此时，尚无任何明显的迹象表明将军最终的目的何在。

B：残缺议会如何报复兰伯特？

Ⓐ：他们没有再为难他，我也不知他们为何待他如此宽宏，但兰伯特毫无疑问是他们所能找到的军官中最有才干的一位，或许有朝一日他们还会用得着此人。将军到达伦敦之后，残缺议会向城市征了一笔每月10万里弗尔的税，合计执行六个月——这项法案之前便通过了，只是由于后来安全委员会僭占大权，未能执行。但城市不愿服从残缺议会，他们依然执着于一个自由的议会，无论如何不愿把自己的钱给敌人，然后再让敌人用这笔钱来对付自己。于是残缺议会命令将军破坏城市各处大门，降下吊桥，将一些顽固的市民抓起来。将军照做了，不过这也是他最后一次帮残缺议会做事了。

军官理事会篡权之前，议会曾授权蒙克将军及其他人共同组成军队管理委员会，现在这个委员会期满，残缺议会重新给其授权。

B：他现在是统领共和国所有武装力量的六大将军之一了[①]。若我是残缺议会，我情愿承认他是唯一的将军。在这种情况下，野心总难以约束，于是最可怕的便是自恃功高，借机敲诈。

Ⓐ：拉倒城市各处大门之后，将军致信残缺议会，说这项差事实在有违自身初衷，又提请他们回想起伦敦市当初如何在战争中忠心支

①　即前文所述的利特伍德、蒙克、哈泽里格、沃尔顿、莫利及奥弗顿六人。——译者注

持议会。

B：那是自然，但要是没有伦敦市，议会压根也没能耐挑起战争，残缺议会也就没机会谋杀国王。

Ⓐ：残缺议会毫不在乎伦敦市的贡献，也不愿体谅将军的善良性格。他们忙着封授官职，忙着制定弃绝国王的法案，阻断国王归国的可能，忙着把旧的事情再确立一遍，还忙着和伦敦市讨价还价。将军诚心希望残缺议会成员与"被隔离者"之间建立协商，重新审视后者当初被驱逐的原因，看是否有冤屈，如确系欲加之罪，则未尝不能重新获准进入议会——于是双方开始协商。但一番谈判下来，将军发觉残缺议会推三阻四且理由荒诞，并认定其根本毫无诚意，于是便（在伦敦市的支持下）自行宣布要建立一个自由的议会，接着便领着那些被隔离的议员去了威斯敏斯特宫（将军早已让他们在白厅集合等候），重新安排他们就座于残缺议会的议员之间。终于，除期间离世者外，现如今议会中坐着的与 1640 年时的下院相比，尽为同一拨人，就连那些当初追随先王去往牛津者，也重返其位。

B：但（我认为）如此议会于国王而言并无助益，除非他们愿意吸取往日教训，转变原则。

Ⓐ：可惜他们全无长进。长老派再一次成为议会多数。他们着实感激蒙克将军所作所为，封了他做三国武装力量总司令。虽然他们确实也废除了不少苛政，但那些法案的通过也全然有赖其党派偏见，至于他们自己发布过的乱政逆法，倒是一条未动，更别说为当今国王着想了。更有甚者，他们竟还通过了一项决议，认定"乃是先王首先挑起了自己与两院之间的战争"。

B：两院恰似两人，其人岂非王臣？国王虽举兵伐臣，然而若国王诚心让步和解（就像这次），则臣下再以武力非难君上焉能称合法？

A：他们自知行为令人生厌且昏聩至极，但又羞于承认，只因他们向来坚持自己的智慧与虔诚远在常人之上。长老派看准时机制作了一份信仰告白书，并将之呈送下院，下院为表明自己并未更易原则，遂（将告白书在议院内六读之后）表决通过，将其付梓，并下令所有教堂每年都要在公开场合宣读一次告白书。

B：我还是得说，重建长期议会于国王而言根本毫无助益。

A：少安勿躁。长期议会虽得重建，但却有两个条件，一是"三月结束之前其任期必须终止"，二是"举行新一届选举之前必须向各地发出令状"。

B：这还算合理。

A：国王由此得以归来：各乡郡早已领略过长期议会的"聪明才智"，因而鲜有其中成员能二度当选。新一届的议会于1660年4月25日开幕。他们很快迎回了国王，国王于是受到了热烈而盛大的欢迎。国王诚心实意催促议会通过赦免法案，只有极少数人不在赦免之列——你我对此事皆一清二楚。

B：但我看那些长老派依旧丝毫没有放弃自己原先立场的意思。看来我们又回到了动乱刚开始时的处境。

A：并不尽然。动乱之前，英格兰国王虽因主权者之地位而享有指挥民团之权，然而未曾有人与之争，亦未尝有议会法案意图夺权僭越。如今，国家经此血难，新一届（也就是本届）议会以庄严而明确之态度宣告：国王不但享有指挥民团之权，且绝不容两院染指。这一宣言对人民更具教育意义，远胜任何仅仅对主权者头衔的争吵，从今往后，所有居心叵测的煽动家必将无计可施，收束野心。

B：愿上帝向我证明您说的是对的。无论如何，我必须承认本届议会确实尽心尽责，努力保卫了我们的和平，但若是牧师们在传道时能多多留意那些有害的原则，不让它们潜移默化地影响听众——那便是再好不过了。主权在这场革命中辗转循环，期间虽被两个篡位者窃据，然而终究是从先王传回到其子手中。主权先是从查理一世国王转到了长期议会，再转到了残缺议会，残缺议会又转到奥利佛·克伦威尔，然后再从理查德·克伦威尔转回到残缺议会，之后又是长期议会，最终回归到查理二世国王手中，而查理二世国王想必能长享之。

Ⓐ：阿门。愿他命中总能遇此良将。

B：话题已入尾声，您才向我介绍将军，然而将军敢以微弱之师，尽出苏格兰而奔伦敦，我认为无疑是亘古未有之壮举。

图书在版编目（CIP）数据

比希莫特：论长期国会 /（英）托马斯·霍布斯著；
梁雨寒译 . -- 南昌：江西人民出版社，2019.1
　　书名原文：Behemoth:the Long Parliament
　　ISBN 978-7-210-10495-7

　　Ⅰ . ①比… Ⅱ . ①托… ②梁… Ⅲ . ①英国资产阶级
革命—通俗读物 Ⅳ . ① K561.410.9

中国版本图书馆 CIP 数据核字 (2018) 第 125804 号

比希莫特：论长期国会

（英）托马斯·霍布斯　著；梁雨寒　译
出　版　人：张德意
责任编辑：李月华
书籍设计：章　雷
出　　　版　江西人民出版社
发　　　行　各地新华书店
地　　　址　江西省南昌市三经路 47 号附 1 号
编辑部电话：0791-86898143
发行部电话：0791-86898815
邮　　　编：330006
网　　　址：www.jxpph.com
E-mail:270446326@qq.com
2019 年 1 月第 1 版　　2019 年 1 月第 1 次印刷
开　　　本：1/16,880mm×1230mm
印　　　张：7.75　字数：180 千字
ISBN 978-7-210-10495-7
定　　　价：39.80 元
承　印　厂：长沙超峰印刷有限公司
赣版权登字—01—2018—763